폰 라드
- 실존적 신앙고백과 구원사의 신학

현대 신학자 평전 6

폰 라드
−실존적 신앙고백과 구원사의 신학

박호용 지음

살림

머리말: 폰 라드와의 만남

"사람은 나이가 들면 운명(運命)이라는 것이 있다는 것을 느끼게 된다." 고등학교 시절 종로에 있는 어느 어학원에서 영어를 배울 때 들은 글귀이다. 이상하게도 이 말이 아직도 내 귀에 쟁쟁하다. 폰 라드와의 만남이 내게 있어 운명이 아닐까? 운명이라고까지는 말할 수 없더라도 예사롭지 않은 인연임에는 분명한 것 같다.

2002년 어느 따스한 봄날 사랑하는 나의 동학 소기천 목사(현 장신대 교수)로부터 전화가 왔다. 살림출판사에서 〈현대 신학자 평전〉을 기획하면서 구약신학자 폰 라드에 관한 글을 써 주었으면 하는 부탁이었다. 전화를 받았을 때의 느낌은 마치 오랫동안 잊고 있었던 친구가 갑자기 생각나는 그런 느낌이었다. 늘 가까이 있으면서도 평소에는 생각을 하지 않고 있다가 누군가로부터 그 사람이 어떤 사람이냐고 물었을 때 느끼게 되는 기분이랄까? 그러고 보니 구약학을 전공한 내게 폰 라드는 참으로 묘한 인연으로 얽혀있다는 생각이 들기 시작하였다.

대학원에서 구약을 전공으로 택해 어렵게 공부하던 1983~1984년경, 남산에 있는 외국 신학 서적을 취급하던 컨콜디아사에서 폰 라드의 『구약신학』 영역판 두 권을 큰마음을 먹고 샀다. 그런데 얼마 지나지 않아 한 친구가 다른 원서들과 함께 이 책을 빌려달라는 것이었다. 거절할 수 없어 부탁한 책을 빌려주었는데, 그 친구는 바람처럼 사라지고 말았다. 결국 그 책은 잃어버렸고, 난 친구에게 책 빌려준 것을 후회하며 필요할 때마다 도서관에서 빌려보아야 하는 신세가 되었다(생각할수록 기분이 별로다!).

내가 가지고 있었던 폰 라드의 또 다른 책인 『육경의 문제와 기타 논문들 *The Problem of the Hexateuch and Other Essays*』은 구약을 공부하는 후배가 나도 모르게 가져갔다가 잃어버렸다. 지금 나는 박사학위논문을 위해 미국 프린스턴신학교 도서관에서 복사한 그 책에 포함된 「육경의 양식비평적 문제 The Form-Critical Problem of the Hexateuch」라는 논문만을 가지고 있을 뿐이다(정말 답답한 노릇이다!).

1996년 1월 논문 자료 수집차 프린스턴신학교에 갔을 때학교 서점에서 폰 라드의 『고대 이스라엘의 거룩한 전쟁 *Holy War in Ancient Israel*』이라는 책이 눈에 띄어 바로 샀는데, 그곳에 폰 라드의 다른 책 『이스라엘의 지혜 *Wisdom in Israel*』도 있었다. 이 책을 살까 말까 망설이다가 당장 써야 할 논문과는 직접적인 관계가 없다는 생각에 사지 않고 돌아 온 것이 못내 아쉽다. 오늘 이렇게 폰 라드에 관한 글을 쓸 줄 알았더라면 샀을 텐데, 왜 그때는 그 생각을 미처 하지 못했던고(역시 나는 지혜로운 신이 아니라 어리석은 인간인가 보다!).

또한 김정준 교수가 쓴 『폰 라드의 구약신학』이라는 책을 86년 4월에 샀다. 이 책은 총 190쪽 정도 되는 얇은 책인데, 하드커버로 되어 있어 오히려 읽기에는 불편했다. 그래서 후에 소프트커버로 나온 이 책을 다시 샀으며(2000년 2월 12일), 그 책 속 표지에 "5년 전 이날 시내산 정상에서 모세를 생각하며"라는 글을 써 놓았다. 그런데 정작 이 책을 산 진짜 이유는 좀 엉뚱하게 들릴지 모르나 "책 표지를 만들 때 하드로 해야 하느냐 소프트로 해야 하느냐는 전적으로 책의 분량에 따라 결정해야 한다"는 것을 학생들에게 가르치기 위해서였다(학생들은 이 얘기를 재미있어 했다!).

마지막으로 하나 더 얘기하면, 박사학위논문을 쓰던 중에 존경하는 문상희 교수님이 돌아가셨다. 얼마 후에 위로예배를 드리러 교수님 댁을 찾았는데, 그때 교수님의 따님께서 "아버님이 남기신 책들을 연대 도서관에 기증하려고 하는데, 아버님을 기억하라는 뜻에서 한 권씩 가져가세요"라고 제안하는 것이었다. 그러시지 않아도 된다고 했지만 강권하는 바람에, 어느 책을 가져갈까 고민하다 마침 눈에 들어 온 책이 폰 라드의 『구약신학 Old Testament Theology』(1, 2권)과 카우프만(Y. Kaufmann, 1889~1963)의 『이스라엘의 종교 The Religion of Israel』라는 책이었다. 이 중 나는 당시 논문을 쓰고 있던 상황이었기에 조금이나마 논문에 직접적인 도움을 줄 수 있는 카우프만의 책을 선택하였다. 이 책은 생전에 교수님께서도 무척 아끼시던 것으로 수업시간에도 가지고 오셔서 소개한 책이기도 했다. 아무튼 지금이라면 난 폰 라드의 책을 선택했을 것이다(참으로 아쉬움이 남는다!). 아무튼 이래저래 폰 라드와 나는 묘한 인연을 갖고 있다.

한국에 폰 라드가 맨 처음 소개된 것은 만수(晩愁) 김정준 박사에 의해서이다. 김 박사는 1959년에 폰 라드에게 직접 찾아가 붓글씨를 받아오기까지 하였으며, 대학원에서 행한 폰 라드 세미나를 모아 1973년 『폰 라드의 구약신학』이라는 책을 내었다. 이 책은 한국에서 단행본으로 나온 유일한 폰 라드 연구서였다. 그 후 1978년에 「육경의 양식사 문제」와 「고대 이스라엘의 거룩한 전쟁」을 한데 묶어 『폰 라드 논문집』이란 제목으로 번역, 출판하였다. 이 외에도 폰 라드에 관한 많은 논문을 쓰셨다. 아마도 한국에서 폰 라드에 대해 가장 많이 쓰고 소개한 분은 김 박사일 것이다.[1]

김정준 박사는 폰 라드의 책에 대해 이런 말을 하셨다. "스토커 박사(영역판 번역자이며, 김 박사의 박사학위논문 지도교수)에 의하면,

만수(晩愁) 김정준 박사.

폰 라드의 문장은 논리적이라기보다는 시적이라 할 수 있을 만큼 아름다운 문장이기에, 구약세계를 깊은 신앙에 젖은 시(詩)의 세계로 이해하고 표현하지 못한다면 그의 책은 번역하기 아주 힘들다는 말을 들었다. 사실 폰 라드의 책을 읽는 사람이라면 누구나 그 문장미와 신앙과 학문의 정열이 줄과 줄 속에 줄기차게 맥박치고 있음을 느끼기에, 그의 글이나 문장을 번역한다는 것은 참으로 어렵다고 느껴질 것이다"[2]라는

---

1) 김정준, 『율법서·예언서 연구』, 만수 김정준 전집(3), 서울: 한국신학연구소, 1988, 9쪽.
2) G. von Rad. 김정준 옮김, 『폰 라드 논문집』, 서울: 대한기독교출판사, 1978, 5-6쪽.

말을 하였다.

폰 라드 연구에 공헌한 또 한 사람을 든다면 허혁 교수가 될 것이다. 허 교수는 폰 라드의 『구약신학』 두 권(1957, 1960)을 『구약성서신학』이라는 이름으로 번역하였다. 제1권은 '이스라엘의 역사적 전승의 신학'이라는 부제를 달아 1976년에, 제2권은 '이스라엘의 예언적 전승의 신학'이라는 부제를 달아 1977년에 출판되었다. 이어서 폰 라드의 『구약성서신학 Weisheit in Israel』(1970)을 번역하였다. 제3권은 '이스라엘의 지혜의 신학'이라는 부제를 달아 1980년에 출판하였다. 제3권 말미에 역자 해설을 대신하여 슈미트(W. H. Schmidt)의 「폰 라드 이전과 이후의 '구약성서 신학'」이라는 논문을 번역, 게재함으로써 폰 라드 이해에 많은 도움을 주었다.

폰 라드의 저서들은 다음의 세 분야에 대한 연구에 집중되어 있다. ① 「신명기」에 대한 연구, ② 육경[3]에 대한 문헌비평, 양식비평, 전승(사)비평[4] 그리고 그에 대한 신학적 해석,

---

[3] 구약성서의 첫 다섯 권(「창세기」, 「출애굽기」, 「레위기」, 「민수기」, 「신명기」)에다 「여호수아」를 포함시켜 육경이라 부름.
[4] 성서에 대한 '비평적 연구방법(Criticism)'은 종교개혁 이후 성서에 대한 자유로운 해석의 결과로 나왔다. '문헌비평(Literary Criticism, '문학비평'이라고도 함)'은 성경본문을 분석하여 구문과 구조를 밝혀내고 본문에 사용된 기초 자료들을 추정하여(구두 자료인지 문서 자료인지), 본문의 통일성(복합적인지 아닌지)과 문제를 결정짓는 연구방법이다. '양식비평'(Form Criticism, '양식사[Formgeschichte]'라고도 함)은 성문화된 문서나 자료의 구전(口傳) 역사를 규명하고,

③『구약신학』이 그것이다. 따라서 독자들의 이해의 편의를 위해 1장에서는 폰 라드의 생애와 저작을 살펴본 후에, 2장에서는 폰라드 신학의 '뿌리'가 되는 '신명기 신학', 3장에서는 폰 라드 신학의 '줄기'가 되는 '육경의 신학', 4장에서는 폰 라드 신학의 '꽃과 열매'가 되는『구약신학』을 다루는 순서로 논의를 전개해 나가고자 한다.

그동안 한국 신학계에서도 폰 라드에 관한 여러 논문과 많은 논의가 있어 왔으나, 방대한 폰 라드 신학의 전체상을 쉽고도 그 핵심을 간략하게 제시한 단행본은 사실상 전무한 상태였다. 국내외 현대 신학자들의 평전을 내려는 살림출판사의 선한 의지를 통해 필자가 이 과제를 맡게 된 것을 한편으로는 두려우면서도 또 한편으로는 매우 기쁘게 생각한다. 폰 라드의 신학하는 자세와 그의 신학방법론으로 인해 매료되었던

자료들을 설화, 강화 등의 양식(樣式)이나 범주에 따라 분류하여 각 양식의 삶의 자리(Sitz im Leben)를 탐구하는 연구방법이다. '전승비평(Tradition Criticism, 전승사 비평[Traditio-Historical Criticism]이라고도 함)'은 성서문헌의 최종적인 형태가 이루어지기까지의 전승과정에 비추어 성서문헌을 분석하는 연구방법이다. 여기서 전승(傳承)이란 성서연구에 있어 과거로부터 전해 내려오는 신앙이나 역사에 대한 자료를 말하는 것으로, 문서 이전의 전승을 구두(口頭) 전승이라 하고 문서화된 전승을 성문(成文) 전승이라고 한다. 보다 자세한 것은, 이형원,『구약성서 비평학입문』, 대전: 침례신학대학출판부, 1991년 참조

지난 날을 회상하면서 이번 기회가 그를 보다 잘 알게 되는 좋은 기회라 생각하며 기쁘게 이 글을 쓰게 되었다. 필자가 만난 폰 라드를 이 글을 읽는 독자들께서도 함께 만나 은혜를 나누는 시간이 되었으면 한다.

2004년 8월
한강변이 내다보이는 노량진에서
박 호 용 拜.

차 례

머리말: 폰 라드와의 만남   5

1. 폰 라드의 생애와 저작   14
   출생에서 에를랑겐 시절까지 | 예나에서 괴팅겐 시절까지 | 하이델베르크 시절에서 죽음까지

2. '신명기 신학'- 폰 라드 신학의 '뿌리'   30
   「신명기」란 어떤 책인가? | 「신명기」에 나타난 '하나님의 백성' | 「신명기」에 나타난 '거룩한 전쟁'

3. '육경의 신학'- 폰 라드 신학의 '줄기'   90
   사경, 오경, 육경 | 육경의 신학 | '육경의 신학'에 대한 비판 및 결론

4. 『구약신학』 - 폰 라드 신학의 '꽃과 열매'   126
   구약신학의 신학적 배경 | 『구약신학』의 내용 | 『구약신학』에 대한 평가 및 전망

맺는말: 실존적 신앙고백과 구원사의 신학   192

• 참고문헌   201

* 본문에 인용된 성경구절은 '개역 개정판'을 따랐다.

* 본문 안에 사용된 사진 및 사진 설명은 출판사의 양해를 얻어 『십계명 새로보기』(박준서 지음, 한들출판사, 2001), 『갈등의 핵, 유태인』(김종빈 지음, 효형출판, 2001), 『신학과 경건』(대한기독교서회, 1991)에서 발췌한 것임을 밝힌다.

1. 폰 라드의 생애와 저작

출생에서 에를랑겐 시절까지(1901~1934)

20세기가 낳은 최고의 구약학자로 일컬어지는 폰 라드(Gerhard von Rad)는 20세기가 막 시작된 1901년 독일 동남부에 위치한 뉘른베르크(Nürnberg)의 루터교 가정에서 태어났다. 이 도시는 나치정권이 유대인을 학살할 때, 유대인 수용소가 있던 곳 가운데 하나였다. 폰 라드라는 구약학자가 태어난 곳이 공교롭게도 구약의 주인공인 유대인들이 학살된 장소였다는 것은 예사롭지 않은 묘한 섭리가 아닐 수 없다.

이곳에서 고등학교를 마친 폰 라드는 1921년 독일 루터신학의 중심지라 할 수 있는 에를랑겐(Erlangen)대학에 입학했다. 새로 부임해 온 한 젊은 교사의 영향으로 고등학교 때부터 신학을 공부하기로 결심한 그가 처음부터 구약에 흥미를 느낀 것은 아니었다. 오히려 처음 두 학기는 개혁교회 소속인 뮐러(E. F. K. Müller) 교수의 영향으로 「요한복음」에 관심을 기울였었다. 게다가 그 다음 4학기까지 그는 튀빙겐(Tübingen)의 구약 교수인 폴츠(Paul Volz)나 에를랑겐의 구약 교수인 프록쉬(Otto Procksch)에게서도 이렇다할 영향을 받지 못했다.

1925년 목사 후보생 1차 시험에 합격한 그는 목회자가 될 생각으로 출신 지구인 바이엘 지방교회의 준목으로 부임했다. 당시 독일 민족주의에 사로잡힌 교인들이 유대인 문제를 부정적으로 생각하고 있다는 사실을 접한 준목 폰 라드는 "우리가 구약에 대해 아는 바가 무엇일까?"라는 의심을 통해 구약에 관한 관심을 갖기 시작하였다.

1929년 폰 라드는 은사 프록쉬의 지도에 따라 「신명기에 나타난 하나님의 백성 Das Gottesvolk im Deuteronomium」이라는 박사학위논문을 썼다. 이 논문은 당시 라이프찌히(Leipzig) 대학 교수였던 알트(Albrecht Alt, 1883~1956)의 도움이 없었다면 완성하지 못했을 것이다. 여하튼 「신명기」에 대한 이러한 연구를 통해 폰 라드라는 젊은 신학도는 구약연구에 일생을 바치게 된다. 논문을 마치자 친구 놀드(Karl Nold)가 "이러한 시대에는 교회에서 그리스도를 찾아야 한다"며 그에게 목회를 권했으나, 이미 구약연구에 심취했던 폰 라드는 친구의 충고를 물리치고 계속 구약을 연구하기로 결심하게 된다.

1929년 에를랑겐대학 구약 교수인 로스트(L. Rost)가 베를린대학으로 옮기게 되자 프록쉬 교수는 폰 라드를 그 자리로 불러들였다. 그는 우선 교수자격논문인 「역대기에 나타난 역사상 Das Geschichtsbild des Chronistischen Werkes」을 준비했다. 여기에서는 「역대기」에서 '역사'가 어떻게 취급되었는지에 대해 다루었는데, 폰 라드는 이 자리에서 연구자의 주관이 강하게 착색될 수 있는 '역사관(Geschichtsanschauung)' 대신에 '역사상(Geschichtsbild)'이라는 말을 사용하였으며, 이것은 역사가 기술된 대로 연구하고자 한 의도였다.

폰 라드의 몸은 프록쉬와 같은 대학에 있었지만, 실제로는 오히려 라이프찌히에 있는 구약 교수 알트와의 교분을 두텁게 하고 그에게 많은 가르침을 받았다. 1930년 라이프찌히대학 사강사(Privadozent)로 일하던 노트(Martin Noth, 1902~1968)가 정교수로 승급하여 쾨니히스베르크(Königsberg)로 가자 폰 라드는 알트가 있는 라이프찌히(1930~1934)로 갔다. 이 대학에 머물면서 그는 매주 히브리어 5시간, 세미나 2시간 그리고 4시간짜리 필수과목 등의 강의를 맡아 가르쳤다. 그리고 1930년과 32년에는 알트와 함께 팔레스틴에서 연구하기도 하였다.

이곳에서 그는 「장막과 법궤 Zelt und Lade」, 「아직도 하나님의 백성에게는 안식이 주어졌다 Es ist noch ein Rest vorhanden dem Volke Gottes」, 「거짓 선지자 Die falschen Propheten」 등의

논문과 『육경에 나타난 제사문서 연구 - 특히 역사적 신학적 면에서 *Die Priesterschrift im Hexateuchhistorisch untersucht und Theologisch gewertet*』 등의 단행본을 속속 발표하였다. 자기 신학의 과제를 오경에서 찾아보려 한 것은 이처럼 초기 저작에서부터 시작되었다.

예나에서 괴팅겐 시절까지(1934~1949)

1934년 폰 라드는 예나(Jena)대학(1934~1945)에서 초청을 받았다. 당시는 독일 국가사회주의(나치) 정권이 전성기를 이룬 때였다. 여기서 우리는 폰 라드의 구약연구와 그의 '신앙고백의 신학', '구원사의 신학'이 나오게 된 시대적 배경을 고찰해 볼 필요가 있다.

1차세계대전의 패배로 독일에서는 극심한 사회적 혼란이 일어났으며, 이러한 상황에서 바이마르 헌법은 정치적 자유를 허용하게 되었고, 이로 인해 강력한 좌익혁명세력과 폭력적 극우 단체의 발생을 가져왔다. 나치의 전신인 독일 노동자당도 처음에는 소시민층에 속하는 불평분자를 위한 미약한 단체에 불과하였으나 히틀러(A. Hitler, 1889~1945)의 입당으로 군사적 우익정당으로 발전하였다. 나치는 19세기 말엽 유럽에 만연하였던 반(反) 유대주의, 백인종 지상주의(게르만 민족 우월주의), 국가주의, 제국주의, 반(反) 사회주의, 반(反) 민주주의 사상을 기초로 일어났으며, 하켄크로이츠(✗)를 상징으로 하였다.

1921년 히틀러의 군사적 독재체제가 당내에 확립되어 대중조직인 돌격대(SA)가 형성되었으며, 헤스(R. Hess)와 괴링(H. W. Göring)의 당내 유입으로 당세를 확장했다. 그러나 1923년 우익혁명이 실패로 돌아가자 당은 해산 명령을 받게 되었다. 이에 따라 히틀러는 폭력혁명주의를 버리고 합법적 투쟁에 의한 정권 획득을 목표로 1925년 나치를 재건하였으며, 군부와의 반목과 탄압의 악조건을 극복하면서 독일 북부까지 기반을 확대하였다. 그 후 청소년, 중산계급, 농민, 실업자들의 입당으로 당의 세력이 확장되어 1932년 7월 국회의원 선거에서 다수당이 되었다. 이로 인해 노동자당은 1933년 국가인민당과 연합하였지만, 결국 히틀러는 수상이 되었고 연립내각이 성립되었다. 권력을 잡은 히틀러는 전권위임법안(全權委任法案)을 만들어 의회정치를 폐지하고 나치 이외의 모든 정당을 해산시켜 일당독재체제를 수립하였으며, 군국주의적 계획경제와 친위대(SS), 비밀경찰을 갖춰 유대인과 같은 이민족의 학살과 공산주의자, 사회주의자의 강제수용을 통한 학대를 자행하는 등 전례 없는 파시즘을 이룩하였다.[5]

1933년 나치는 독일 기독교인들에게 독일 국가사회주의를 신봉하도록 강요했다. 특히 히틀러는 1933년 3월 23일, 교회는 현행 법률에 입각하여 최대한의 존경을 받고 고유한 권리를 보존 받을 것이라는 정책교서를 발표하자, 대규모의 환영 군중집회가 물밀듯 일어났다. 그리고 교회는 제국교회(die Reichskirche)로 탈바꿈하자는 소리가 높아갔다. 특히 1933년 4월 7일 소위 독일 기독교인들이 히틀러 독재에 협력하여 유대인을 박해하는 '아리안 조항'[6]을 수용하기에 이르렀으며, 이에 항거하는 운동 또한 일어났다.

독일 복음주의 고백교회(Die bekennende Kirche)는 1934년 5월 27~31일 바르멘에서 '바르멘 신학선언(Barmen theologische Erklärung)'을 발표하였다(올해는 '바르멘 신학선언'이 발표된 지 70주년이 되는 해이다).[7] 칼 바르트(K. Barth, 1886~1968)는 이 항거운동의 주요 인물이었으며 친히 선언서를 작성하였는데, 그 내용의 일부를 소개하면 이러하다.

---

5) 학원 세계대백과사전 편찬위원회, 「나치스」, 『학원 세계대백과사전』(제5권), 서울: 학원출판공사, 1994, 636-637쪽.
6) '아리안 조항'이란 유대인의 피를 받은 사람이나 유대인과 결혼한 사람이 국가의 공직을 가질 수 없게 한 법적 조치로서 유대인 학살에 앞서 입법화하였다.
7) 그 초안은 바르트 등 3명의 기초위원에 의해 작성되었는데, 국수주의적인 '독일 기독교인'의 신학적 일탈(逸脫)을 배격하면서 종교개혁 정신의 신학에 입각하여 교회와 국가의 관계, 그 밖의 성서적 진리를 6개항으로 정리하였다.

성서가 증언해 주는 예수 그리스도는 우리가 살든지 죽든지에 상관없이 복종해야 할 하나님의 말씀이다. 우리는 교회가 이러한 하나님의 말씀을 도외시한 채 다른 사건이나 권세, 삶의 형태 등을 하나님의 계시인양 판단하고 선포하려는 모든 거짓된 가르침을 배격한다.

이것은 현대 교회사에서 결코 잊어서는 안 될 역사적 신앙고백이 되었다. 교회가 무사하고 태평함에도 불구하고 신학이 빈곤하게 되면 그 교회는 방향을 잃게 되고 마는데, 바로 당시의 독일 교회가 그러했다. 이러한 상황에서 '바르멘 신학선언'은 독일 복음주의 교회의 지성과 신학의 승리였다. 바르트를 비롯한 니묄러, 아스뭇센, 니젤, 본회퍼(D. Bonhoeffer, 1906~1945) 등은 당시 예리한 지성인이요 신앙인들로서 역사적 혼돈 속에서 질서를 제공해 준 고백교회의 주춧돌들이었다.

이 선언으로 말미암아 고백교회가 독일 전역에서 큰 반향을 일으키기 시작하였다. 그리고 이 선언에 호응하여 독일의 고백교회는 나치 히틀러 정권에 격렬한 항거와 투쟁을 전개하였고, 이로 인해 7천 명의 목사와 신도들이 처형을 당하게 되었다.[8] 폰 라드의 구약연구와 그의 신앙고백의 신학, 구원

---

8) 나치 히틀러에 대한 항거와 투쟁(1932~1935)에 대해서는 박봉

사의 신학은 이 같은 미증유의 역사적 혼돈과 광란의 시대적 상황에서 치열하게 씨름한 결과로 나온 것임을 명심할 필요가 있다.

1936년 그는 「구약 창조신앙의 신학적 문제 Theologischen Problem des altlischen Schöpfungsglaubens」란 논문을 썼다. 그리고 바로 이때 독일 학생들은 "독일의 피는 히브리 언어를 싫어한다"는 격문을 돌렸다. 폰 라드는 '학문'이란 자기의 신앙고백과 분리해서는 있을 수 없다고 생각했기에, 이러한 상황 속에서 다른 곳으로 자리를 옮기려는 생각을 하였다.

당시 그는 독일 교회에서 교역자를 위해서나 교회를 위해서 구약연구가 절실히 필요하다는 것을 느꼈다. 그는 "구약성서야말로 독일국민을 위한 책이다"라는 입장을 취한 책(『구약 - 독일 국민을 위한 하나님의 말씀 Das A.T. - Gottes Worte für die Deutscher』, 1937)을 비롯하여 여러 책과 논문을 발표하였는데, 그 저술들은 아래와 같다.

1938년에 『구약에 있어서의 문서 해석의 문제 Fragen der Schriftauslegung im A.T.』, 「구약을 통하여 기독교로 가는 길 Führung zum Christentums durch A.T.」, 「구약에 있어서의 율법

랑,「복음적 신학: 칼 바르트」,『신학의 해방』, 서울: 기독교서회, 1991, 412-420쪽을 참조.

과 복음 Gesetz und Evangelium im A.T.」. 1937년에는 「구약성서의 영속적인 의미 Die bleibende Bedeutung des A.Ts」, 1939년에는 「왜 교회는 구약을 가르쳐야 하는가? Warum unterrichtet die Kirche im A.T.」 등이 있다. 이러한 저작들은 모두 기독교인으로서 가져야 할 신앙고백의 문제와 관계되어 있다.

시대적으로 학문적 연구가 어려운 때였으나 폰 라드는 끊임없이 자신의 연구에 몰두하였다. 이 기간에 출간된 여러 저작 중에서도 1938년에 출판한 『육경의 양식사 문제 *Das formgeschichtlichen Problem des Hexateuch*』(혹은 『육경의 양식비평적 문제 *The Form- Critical Problem of the Haxateuch*』)는 가장 권위 있는 저작으로 뒤에 나타날 그의 역작 『구약신학』을 이룩하는 기초 작업이 되었다.

1944년 폰 라드는 포로 신세가 되어 바드 크로이츠나하(Bad Kreuznach)에 세워진 천막에서 인간이 경험할 수 있는 최악의 현실에 처하게 되었으며, 이는 1945년 3월 중순에서 6월 말까지 계속되었다. 전쟁이 끝나자 그는 예나대학으로 돌아가지 않고 괴팅겐(Göttingen)대학으로 갔다.

괴팅겐대학(1945~1949)에서 최초로 출간된 책이 1948년에 나온 『신명기 연구 *Deuteronomium-Studien*』(영역 1953년)이다. 이것은 그의 박사학위논문 「신명기에 나타난 하나님 백성」이 나온 지 거의 20년만의 일이다. 하지만 그의 『신명기 주석

Das Alte Testament Deutsch』이 나오기에는 아직도 또 다른 거의 20년의 세월을 기다려야 한다(1964년 출판).

하이델베르크 시절에서 죽음까지(1949~1971)

그 후 폰 라드는 하이델베르크(Heidelberg)대학(1949~1966)으로 옮겼으며, 거기에서 죽는 날(1971)까지 후진양성에 힘을 쏟았다. 당시 구약을 공부하려면 하이델베르크로 와야 했다. 그의 강의 가운데 '구약개론'은 가장 인기 있는 강의였다. 그는 문학연구와 역사연구에서 신학적 문제로 이끌려 갔으며, 그의 관심은 구약신학의 문제로 집중되었다.

폰 라드는 자기 자신이 교회의 목회자로 나서지 못한 것을 늘 안타까워하며 학생들에게 설교하는 일에 항상 관심을 가질 것을 강조했다. 또한 오늘날 설교를 할 때마다 본문(text)에서 이탈해 갔는지에 대해 항상 경계해야 한다고 제자들에게 말하곤 했다. 그는 학기마다 시범적으로 설교를 하곤 했는데, 그때마다 구약성서와 설교가 어떻게 관련되는지를 보여주었다. 즉 어떻게 옛날의 그 말씀이 오늘날에도 여전히 살아있는 말씀이 되는가를 알려주었다. 그는 영력을 소유하지 못한 설교가 가장 실망을 주는 설교이며, 설교에서 복음의 직접적인 외침이 빠져있다는 것은 매우 슬픈 일이라고 하였다.

오늘날 구약을 연구하는 다수의 학자들과는 달리 폰 라드는 30년에 걸친 강의, 연구, 저술 등의 작업을 거친 후에 두 권으로 된 기념비적인 저서 『구약신학 *Theologie des Alten Testaments*』 (1957, 1960, 영역 1962, 1965)을 출간한다. 옛 거장들의 전통에 선 그의 이 방대한 저술은 원숙한 학문적 성찰의 결과이며, 일생에 걸친 자신의 전승사적인 구약성서연구를 잘 요약해 주고 있다.

1966년 교수직을 은퇴한 그는 1971년 10월 30일 70세의 나이로 세상을 떠났다. 1929년 첫 논문을 발표한 이후 그의 마지막 저작을 세상에 내놓은 1970년까지 41년간, 그는 무수히 많은 저작을 남겼는데, 이 저작들은 다음과 같이 분류할 수 있다.

① 단행본(18권) ② 학술논문(73편) ③ 서문, 기념사, 후기(8편) ④ 사전(Th. W) 기도(10항목) ⑤ 명상록(20편) ⑥ 설교, 수필(10편) ⑦ 서평(71편) ⑧ 편집책임(5가지).

이 같은 학문적 과업을 통해 폰 라드가 구약학계에 새로운 역사를 만들었다는 것에 대해 어느 누구도 부정하지는 못할 것이다. 그의 희년 논문집을 편찬한 볼프(H. W. Wolff)는 다음과 같이 말한다. "폰 라드가 구약해석에 뿌린 씨는 독일만이 아니라 전 세계, 프로테스탄트 세계뿐만이 아니라 모든 기독교 세계에, 또한 구약학계만이 아닌 모든 신학분야에 놀라울 정도로 넓게 뿌려졌다."

폰 라드는 자신에 대해 이렇게 말한다. "나는 하나의 작은 '역사적이고 단순한 인간(geschichtsmonomann)'에 불과하다." "나의 과업은 학문을 가르친 것이고, 또한 가르치고 있는 것이다. 나는 배우기 위하여 읽고 또 배우기 위하여 읽는다." 그의 집념은 평생 더 깊은 것을 배우기 위함이었다. 우리는 그의 수많은 저작을 통해 그가 얼마나 많이 알고 있는지를 보여주기보다는, 그 자신이 항상 배우는 학생이었음을 솔직히 고백하고 있다는 것을 확인할 수 있다.[9]

신학사상과 성서해석에 있어 누구보다 폰 라드로부터 큰 자극과 영향을 받은 김정준 박사는 1959년 독일 하이델베르크에서 폰 라드 교수를 만났다고 하는데, 이와 관련된 일화를 소개하고자 한다. 김 박사가 폰 라드 교수를 알게 된 것은 폰 라드의 조교로 있던 쉬반(Kurt Schwan)이란 친구를 통해서였다. 쉬반은 1958~1959년에 「구약의 장로제도」에 관한 논문을 위해 영국 에딘버러에 왔는데, 그때 한 기숙사에서 만났다고 한다. 두 사람은 폰 라드의 『거룩한 전쟁 *Der Heilige Krieg*』

---

9) 김정준, 『폰 라드의 구약신학』, 서울: 대한기독교서회, 1973, 30-43쪽.

이란 책을 하루 한 시간씩 읽으며 서로 친해졌는데, 김 박사는 이 친구와 만나기 전까지는 이런 책이 있는지도 몰랐다고 한다. 그를 통해 이 책이 폰 라드 신학사상의 중요한 부분인 것을 알게 됐을 뿐만 아니라, 자신이 더듬고 있는 연구와 직접적인 관계가 있다는 사실을 알고 하나님의 이러한 친절한 인도하심에 깊은 감사를 드리지 않을 수 없었다고 한다.

김 박사가 폰 라드를 만날 기회를 가진 것은 1959년 6월 초순이었다. 쉬반이라는 친구가 고향인 하이델베르크로 돌아가 인사를 하러 폰 라드를 찾아갔던 그 자리에 김 박사도 함께 한 것이다. 폰 라드는 상당히 큰 체격을 가진 사람이었다. 같이 있으면 김 박사는 그의 귀 근처밖에 못 갈 정도로 키가 크거니와 몸집도 상당했다. 그의 손은 농사꾼의 손같이 투박스러웠다. 그러나 그 손으로 신학논문을 집필했을 뿐만 아니라 바이올린까지 연주한다니 놀랄 만한 일이다.

그 이튿날 오후 폰 라드가 차를 마시자며 초청을 해서 그 친구와 같이 갔다고 한다. 폰 라드는 아주 친절한 사람이었다. 이야기하는 도중에 관계되는 책이 있으면 큰 덩치를 움직여 손수 서재에서 책을 끄집어 내보이면서 열심히 이야기를 했다고 한다. 세 번째로 만났을 때 김 박사는 『거룩한 전쟁』의 한국어 번역원고를 보여주었다. 그러자 폰 라드는 한군데 수정할 곳이 있다고 하면서 후에 발표된 자기 논문(만체스터대학『셈학문 연구』지에 발표된 논문)을 보여주며 참작을 하라는 것이었다. 그의 연구실과 응접실은 우리들이 쓰고 있는 것과 별반 다르지 않았다고 한다.

김 박사는 하이델베르크를 떠나기 직전 유명한 명사의 필체를 받는다는 생각에 먹과 수채화 붓 하나, 그리고 백지 한 장을 가지고 가서 글을 한 두어 자 써달라고 부탁을 했다고 한다. 처음에는 간단한 서명정도인 줄 알았다가 김 박사가 먹, 붓, 종이 등을 끄집어내자 그의 눈은 당황한 빛이 역력했다고 한다. 그러나 이왕 청을 한 것이라 그만 둘 수도 없고, 폰 라드도 안 된다고 거절하지도 못하는 상황이 되어버렸다. 이 일을 두고 김 박사는 나중에 자나친 부탁을 한 것은 아닌가 하며 후회를 하기는 했지만, 그는 자신의 생각을 기어코 관철시켰다. 어떻게 써야할지 모르는 그에게 김 박사는 "의지하라 하나님을!"이라는 말을 히브리어로 크게 써달라고 부탁을 했다. 그때 폰 라드는 "Schrecklich!" — 번역하면 '끔찍하다', 혹은 '골치덩어리다' 정도의 의미가 될 것이다 — 라고 하며 귀찮다는 표현을 했으나, 그의 이런 격의 없는 표현이 오히려 김 박사의 무안함을 다소 위로해 주었다고 한다. 결국 폰 라드는 웃으면서 친절하게 히브리말 세 마디를 잘 써주었다. 그리고 기념사진을 몇 장 찍고 나서 헤어졌다고 한다. 김정준 박사는 인간 폰 라드가 참으로 친절한 사람이었다는 인상을 언제까지나 잊을 수 없다고 하였다.

폰 라드의 강의에 참석하면 그의 강의가 지나치게 정열적인 것에 놀라게 된다. 김 박사는 세미나 강의를 두 달 동안 들었는데, 우선 그의 강의는 정열적이고 자신만만한 인상을 주었다고 한다. 강의노트를 가지고 있기는 하지만 문제 전체가 그의 머릿속에 통달되어 있다는 인상이었다고 한다. 강의 때마다 서너 권의 책을 안고 들어오는데, 이는 강의 중에 인용할 부분을 들려주기 위함이었다. '구약에 나타난 정의(正義)'에 관한 강의에는 700명을 수용하는 이 대학에서 제일 큰 강의실에서 진행되었는데, 매 강의마다 그 넓은 교실이 언제나 꽉 차 있는 것을 보고 놀랐다고 한다. 700명에 가까운 학생이 교수의 강의에 따라 필기도 하면서 키텔의 '히브리어 성서'를 펴고 공부하는 모습을 보고 또다시 놀랐다고 한다. 모든 신학생이 히브리어 원전을 직접 읽으며 강의를 듣는 것이었다.

강의는 하이델베르크대학 학생이 아니라도 누구나 들을 수 있었다. 그의 부인이 언제나 그의 강의에 참석하고 있는 것도 특징이지만 여행자라도 원하기만 한다면 그 시간에 강의에 참석할 수 있었다.

김 박사는 폰 라드의 강의 중에 있었던 잊지 못할 한 에피소드를 소개하였다.

어느 날 「이사야」 7장에 나온 메시야에 대한 강의가 끝날 무렵 어떤 나이 많은 신사 한 분이 강의실 문을 열고 절름거리며 들어왔다. 700명의 학생들이 계단식 의자에 앉아있고 폰 라드는 언제나 그렇듯 마이크를 놓고 교단에서 강의를 하는데, 마지막 클라이막스에 이 낯선 손님이 절름거리며 들어오니 모든 학생의 시선이 그에게 쏠리게 되었다. 폰 라드의 얼굴은 새빨갛게 되었고 한 동안 무거운 침묵이 흘렀다(그 사람이 앉을 때까지). 그 신사는 강의실의 이런 긴장을 느끼지도 못한 채 절름거리며 김 박사의 바로 옆 의자에 앉았다. 그가 자리에 앉고 폰 라드가 다시 강의를 시작하려는 데 그만 수업이 끝나는 종이 울리고 말았다. 그때 폰 라드는 호탕하게 웃으며 "아니 저 분은 쇠가죽을 가진 사람인가봐"(우리식 표현으로 하면 '철면피')라고 하더라는 것이다.

김 박사가 학문과 신앙의 고도(古都) 하이델베르크에서 만 4개월 동안 일생 잊지 못할 소득을 얻은 것은 하이델베르크의 역사와 그 아름다운 자연이 아니라, 폰 라드라는 한 인격과 그 인격이 쌓아올린 학문의 세계였다고 한다.[10]

---

10) 같은 책, 179-187쪽.

2. '신명기 신학' — 폰 라드 신학의 '뿌리'

  폰 라드가 구약신학을 연구하는 사람들에게 미친 영향은 지대하다.[11] 폰 라드가 신학의 한 분야를 한 세대 동안 석권해 온 것은 그의 『구약신학』의 영향이 크기도 했지만, 그가 한평생 씨름해 온 「신명기」 연구의 영향 때문이기도 하다. 앞에서 이미 언급했듯이 폰 라드는 20대의 젊은 시절 「신명기에 나타난 하나님의 백성 Das Gottesvolk im Deuteronomium」(1929)이라는 박사학위논문을 썼다. 그리고 이러한 「신명기」에 대한 연구는 그로 하여금 구약연구에 일생을 바치게 된 결정적인 계기가 되었다.

---

11) 차일즈는 구약신학에 있어 폰 라드만큼 절대적인 영향을 끼친 신학자는 아직 없다고 하면서 폰 라드에 필적할 만한 작품으로, W. Eichrodt의 *Theologie des Alttestaments*를 들고 있다(B. S. Childs, *Old Testament Book for Paster & Teacher*, Philadelphia: Westminster Press, 1977, 26쪽 참조).

이어지는 「신명기」 연구와 관련하여 폰 라드는 『신명기 연구 Deuteronomium-Studien』(1948, 영역 Studies in Deuteronomy [1953]), 『신명기 주석 Das fünfte Buch Moses: Deuteronomium』 (1964, 영역 Deuteronomy[1966]), 그리고 『고대 이스라엘의 거룩한 전쟁 Der Heilige Krieg im alten Israel』(1958, 영역 Holy War in Ancient Israel[1991])이 나오게 되었다. 이렇듯 폰 라드에게 있어 「신명기」 연구는 대단히 중요한 신학적 작업이 아닐 수 없다.

나치정권 하에서 독일 교회는 구약을 회의적으로 바라보았다. 이러한 상황에서 폰 라드는 구약을 지속적으로 연구하고 이에 대해 설교함으로써 독일 고백교회의 기초를 세우고자 했다. 그는 교수였지만 늘 설교하는 일에 관심을 가지고 있었으며, 학기마다 시범적으로 설교를 하기도 했는데, 그때마다 구약성서와 설교가 어떻게 관련되는지에 대해 잘 보여주었다.

이렇듯 교수로서 설교에 깊은 관심을 가진 것은 그가 평생 「신명기」에 관심을 갖고 연구를 한 것과 무관하지 않다. 「신명기」 자체가 설교와 깊은 관련을 가지고 있기 때문이다. 따라서 이 장에서는 먼저 「신명기」는 어떤 책이며, 폰 라드는 「신명기」를 어떻게 이해했는지를 살펴보고자 한다. 이어 「신명기」에 나타난 '하나님의 백성' 및 '거룩한 전쟁'을 차례로 고찰해 보고자 한다.

「신명기」란 어떤 책인가?

① '설교집'으로서의 「신명기」

구약 가운데 이스라엘 신앙의 성격을 가장 잘 드러내 주는 책을 한 권 뽑으라고 한다면 그것은 「신명기」가 될 것이다. 신학적으로 「신명기」는 구약의 중심적인 위치에 있다.[12] 마르틴 노트에 의하면 「신명기」는 오경(「창세기」-「신명기」)의 결론이자 신명기 역사서(「여호수아」-「열왕기하」)의 서론에 해당하는 아주 중요한 위치에 있다.

'신명기(Deuteronomy)'란 말은 헬라어 '듀테로노미온(Deuteronomion)'에서 왔다. 이는 문자적으로는 '두 번째(deutero)'란 단어와 '법(nomos)'이란 단어가 합쳐 이루어진 명칭으로, '제2의 율법(Second Law)'이라는 의미를 가진다. 「신명기」가 '제2

---

12) 박준서 교수는 「신명기」에서 강조하는 신학적 주제를 6가지로 요약하고 있다. ① 토라에 대한 순종과 실천(신 8:11-14), ② 유일신 신앙(monotheism) 강조(신 6:4-5), ③ 이스라엘 신앙의 순수성 강조(신 12:2-3), 4) ④예배 장소의 단일화 강조(신 12:4-14), ⑤ 사랑과 정의의 공동체 강조(신 10:17-18), ⑥ 순종에 따른 축복과 불순종에 따른 심판에 대한 강조(신 30:15-20)(박준서, 「구약성서」, 『성서와 기독교』, 서울: 연세대학교 출판부, 1985, 66-69쪽 참조); 김정준 박사는 「신명기」 신학을 4가지로 말하고 있다. ① 해방의 신학, ② 하나님의 백성의 신학, ③ 올바른 삶의 신학, ④ 인도주의 강조(김정준, 『율법서·예언서 연구』, 만수 김정준 전집(3), 서울: 한국신학연구소, 1988, 173-185쪽 참조).

의 율법'이라고 말할 수 있
는 것은 시내산(「신명기」에
서는 '호렙산')에서 전수된
하나님의 가르침(출 19:1-민
10:10)을 첫 번째 말씀으
로 전제하기 때문이다. 오경
속에서 시내산 율법은 제1
의 율법이고, 「신명기」는
제2의 율법이라는 것이다.

「신명기」는 시내산에서
받은 하나님의 가르침을 해
석하는 역할을 한다. 「신명
기」의 율법(토라)은 해석된
말씀이다. 「신명기」는 옛 것

서기 1200년대 독일에서 필사된 히브리어 구약성경의 「신명기」 책표지이다. 십계명은 「출애굽기」 20장과 「신명기」 5장에 두 번 기록되어 있다. 중앙의 히브리어 세 글자는 신명기가 시작되는 첫 단어 '엘레'('elleh, 이 뜻은 these)이다.

을 익혀 새 것을 아는 온고지신(溫故知新)의 책이다. 「신명기」에
서 모세는 율법의 선포자이기보다는 하나님의 뜻을 해석하는
교사(敎師)에 가깝다. 「신명기」는 「출애굽기」와 「민수기」에
있는 예전의 법을 그대로 되풀이하는 것이 아니라, 옛 법을
가나안 땅의 새 생활에 적용시켜 이스라엘 백성으로 하여금
야웨와 맺은 언약법의 정신대로 살게 하기 위해서 씌어진 책
이다.[13]

2. '신명기 신학' - 폰 라드 신학의 '뿌리' 33

예루살렘의 서쪽벽
(통곡의 벽)에서 토라를
읽고 있는 유대교도들.

유대인들은 책의 첫 머리에 나오는 히브리 단어에 따라 오경의 이름을 정하는 관습이 있다. 「신명기」의 책 이름도 히브리어 성서에서는 「엘레 핫데바림 אֵלֶּה הַדְּבָרִים」, 즉 "이것은 말씀이다"인데, 이 단어는 히브리어 성서 「신명기」 1장 1절에 나오는 처음 두 단어이다.

신명기는 말 그대로 '말씀(데바림, דְּבָרִים)'이다. 법전이 아니란 말이다. 「신명기」에는 '신명기 법전(Deuteronomic Code, 신 12-26장)'이라고 불리우는 가르침이 있기는 하지만, 「신명기」 자체를 법전(Law Code)으로 볼 수는 없다. 「신명기」 본문에는 '규례와 법도'라는 법률적 용어가 나오기는 한다(4:1, 14,45; 5:1; 6:1; 7:11; 12:1; 26:16 등). 그렇지만 이 '규례와 법도'는 하나님과 맺은 언약, 곧 이스라엘 사람들의 '에토스

---

13) 왕대일, 『다시 듣는 토라: 설교를 위한 신명기 연구』, 서울: 한국신학연구소, 1998, 68쪽.

(ethos)'를 가리킨다. 이 '규례와 법도'가 토라 속에 들어 있다. 토라는 가르침(teaching)이며, 이는 하나님이 일러준 대로 살면 이스라엘이 살고 하나님의 축복을 받는다는 신앙적 가르침이다.

「신명기」는 모세가 선포한 말씀, 즉 모세가 해설하여 전하는 하나님의 말씀(설교)이다. 하나님의 명령을 율법(토라)으로 삼아 모세가 설명한 말씀이라는 말이다(신 1:5). 그러니까 하나님이 직접 선포하신 말씀이 아니다. 이 모세의 말씀은 일종의 고별사이다(신 31: 1-13). 모세가 이스라엘 백성들에게 남겨준 유언의 설교인 것이다. 「신명기」는 출애굽 1세대에게 들려주었던 하나님의 가르침을 출애굽 2세대에 해당하는 새 세대 이스라엘에게 새롭게 해석하여 전수하는 글(설교집)이다.

그런데 우리말 성경 「신명기 申命記」의 명칭은 중국 한문 성경에서 유래되었다. 흔히 말하듯 신명기는 '하나님의 말씀'이라는 뜻의 '神命記'도, '새로운 명령'이라는 뜻의 '新命記'도 아니다. 흥미로운 점은 「신명기 申命記」의 신(申)이 '납 신(申)'이라는 데에 있다. 이 한자에는 여러 훈(의미)이 있으나 우리는 「신명기 申命記」의 '신(申)'을 '거듭 신'으로 풀어내야겠다. 현대 중국에서 '申命'은 '거듭 강조하여 명령한다'라는 뜻을 지닌 동사이다. '申'자를 '거듭'이란 의미로 사용하는 가장 흔한 예로 '신신당부(申申當付)'가 있다. '신신당부'란

'거듭 거듭 당부한다'라는 뜻이다. 결과적으로 「신명기 申命記」라는 이름은 「신명기」 17장 18절의 "등사하여"라는 구절의 의미보다 「신명기」의 성격을 더욱더 잘 드러낸다. 「신명기」는 바로 '거듭 강조하여 들려주는 계명'(다시 듣는 토라)인 것이다.[14]

② 신명기의 내용

「신명기」는 내용적으로 보면 이스라엘 백성의 역사를 재해석한 이야기(1-11장; 27-34장)와 이스라엘 백성이라면 어떻게 살아야 될 것인가를 가르치는 법령집(12-26장)으로 이루어져 있으며, 형식적으로 보면 가나안 땅에 들어가기 직전 모압평지에서 모세가 이스라엘 백성을 향하여 행한 세 번의 설교로 구성되어 있는데, 그 설교는 약속된 땅에서 어떻게 살아가야 할 것인가를 다루고 있다.[15]

이 가운데 '모세의 토라'라는 제목이 붙은 두 번째 설교(신 4:44-28:68)가 「신명기」의 중심부를 형성한다. 여기에는 십계명(신 5장, 출 20장에도 있음)과 소위 '신명기 법전'(신 12-26

---

14) 같은 책, 4-9, 56쪽.
15) 서론(1:1-5)과 후기(31:1-34:12)를 뺀 첫 번째 설교(1:6-4:43), 두 번째 설교(4:44-28:68), 세 번째 설교(29:1-30:20)로 되어 있다. 이러한 구분은 「신명기」에 반영되어 있는 편집상의 제목("이것은 …… 이다"라는 어구)을 중심으로 살펴본 것이다.

장)이 들어 있다. '신명기 법전'은 계약 법전(출 20:22-23:33)의 수정·확대판으로 볼 수 있는데, 이는 '신명기 법전'이 십계명의 연장이라고 말할 수 있을 정도로 십계명에 관한 해설의 성격을 강하게 보이고 있기 때문이다.16) 사회학적 용어로 말한다면 신명기 법전은 이스라엘 백성의 '생존(Survival)'에 관심을 기

예루살렘에 있는 유대인 회당(synagogue)에 들어가는 문에 장식되어 있는 십계명. 원래 히브리어 문자는 모음은 없고, 22개의 자음으로만 구성된 자음문자이다. 위의 사진은 히브리어 자음으로만 쓰여진 십계명 말씀이다.

울인다. 폰 라드의 표현대로 여러 이방 민족에 맞서 살아가야 했던 이스라엘이 어떻게 자기 정체성을 잃지 않으면서도 이방 민족들 틈새에서 살아남을 수 있는지에 대한 고뇌가 「신명기」에 실려 있는 것이다.17)

앞에서 언급했듯이 「신명기」는 이스라엘 백성들에게 행한

---

16) 「신명기」 법전의 제1부에 해당하는 신 12:1-18:22은 이스라엘과 하나님과의 수직적 관계인 십계명의 1-5계명에 대한 해설이고, 「신명기」 법전의 제2부에 해당하는 19:1-25:19은 이스라엘과 이웃의 수평적 관계인 6-10계명에 대한 해설이라 할 수 있다(왕대일, 같은 책, 287, 345-346쪽 참조).
17) 왕대일, 같은 책, 278쪽.

모세의 설교로 되어 있다.[18] 이러한 사실은 다른 구약의 율법서들과는 다른 「신명기」가 지닌 독특한 성격이다. P 전승[19]의 율법들뿐만 아니라 '언약의 책(The Book of Covenant, 출 21-23장)'과 '성결 법전(Holiness Code, 레 17-26장)'은 모세에게 행한 하나님의 말씀으로 구성되어 있다. 즉 이들에서는 「신명기」와는 달리 하나님의 직접적인 말씀이 나타난다. P 전승과 성결 법전에서는 야웨가 모세에게 말씀을 선포하고 있다. 이에 비해 「신명기」에서는 전달방식이 크게 변경되었다. 하나님의 법령이 제사장들의 중재를 통해서 공동체에게 전달된 것이다. 백성들에게 율법을 낭독하고 가르치고 해석하고 설명하는 일은 이제 레위인들이 맡게 되었다(느 8:7; 대하 35:3).[20]

---

18) 「신명기」의 설교적 특성을 강하게 반영하는 몇 가지 면모들을 살펴보면 다음과 같다. ① '오늘(today)' 또는 '오늘까지(this day)'에 대한 빈번한 언급(72구절), ② 신앙고백(신 26:5-10)과 몇몇 구절에서 '우리'라는 명칭 사용, ③ 2인칭 대명사(너희, 너희들)의 빈번한 강조적 사용, ④ '들으라'는 반복적인 소환, ⑤ 수많은 호격 사용, ⑥ 과거사건을 현실 속에서 역동적으로 재현하기 위한 기억에의 호소, ⑦ 청중들로부터 순종을 이끌어 내기 위한 약속과 위협의 사용, ⑧ 마음과 지성에의 호소, ⑨ 예화의 사용(신 19:5; 출 21:12-14 참조) 등(P. D. Miller. 김회권 옮김, 『신명기 Deuteronomy』. 현대성서주석(Interpretation), 서울: 한국장로교출판사, 2000, 45쪽).

19) P 전승에 대해서는 아래 3. '육경의 신학'-폰 라드 신학의 '줄기' 중에서 '오경(육경) 전승의 역사'를 참조

20) G. von Rad, *Studies in Deuteronomy*, London: SCM Press, 1953, 11-14쪽.

「신명기」가 '언약의 책'과 공통된 부분이 매우 많이 나타나고 있기는 하지만,[21]('언약의 책'의 대략 50%는 생략됨) 또한 「신명기」에만 있고 '언약의 책'에는 없는 부분 또한 많이 나타나고 있다. 표현양식을 비교해 본다면 상당 부분에서 「신명기」의 표현양식이 '언약의 책'보다 후대에 기록된 것이라는 사실을 쉽게 파악할 수 있다(가령, 출 21:2 이하와 신 15:12 이하; 출 23:10-11과 신 15:1 이하 비교). 만일 '언약의 책'의 연대를 가나안 이주와 국가 성립 사이로 본다면 「신명기」가 기록된 시대는 왕국시대까지 늦춰질 것이다.[22]

이제 「신명기」와 '성결 법전'과의 관계를 살펴보자. 성결 법전은 그 단언적인 성격으로 P 전승보다는 「신명기」에 보다 가깝다. 성결 법전은 「신명기」처럼 온전히 공동체만을 위한 가르침으로 구성된 것이 아니라 공동체와 제사장을 위한 끊임없는 변경으로 이루어졌다. 즉 자료의 보다 큰 부분은 이스라엘에게, 보다 작은 부분은 제사장들을 향하고 있다. 성결 법전은 전체

---

21) 출 21:1-11=신 15:12-18; 출 21:12-14=신 19:1-13; 출 21:16=신 24:7; 출 22:15-16=신 22:28-29; 출 22:21-24=신 24:17-22; 출 22:25=신 23:19-20; 출 22:26-27=신 24:10-13; 출 22:29-30=신 15:19-23; 출 22:31=신 14:3-21; 출 23:1=신 19:16-21; 출 23:2-3, 6-8=신 16:18-20; 출 23:4-5=신 22:1-4; 출 23:9=신 24:17-18; 출 23:10-11=신 15:1-11; 출 23:12=신 5:13-15; 출23:13=신 6:13; 출 23:14-17=신 16:1-17; 출 23:19a=신 26:2-10; 출 23:19b=신 14:21b.
22) 「신명기」 특수 자료를 참조하라. G. von Rad, 『신명기』, 14-23쪽.

적으로 하나님의 말씀으로 되어 있지, 모세의 말로 제시되어 있지 않다. 성결 법전에서는 서론과 결론에서 하나님이 1인칭으로 "나는 야웨라(אֲנִי יהוה)"는 문장이 반복적으로 나타나고 있는 점에서도 이러한 것을 쉽게 엿볼 수 있다.

성결 법전은 대부분 공동체를 향해 권고의 형태로 구성되어 있고, 이 가르침은 다양한 고대 규례에 기초하고 있다는 점에서 「신명기」와 매우 유사하다. 권고의 문체는 「신명기」에만 독특하게 나타나는 것은 아니다. 따라서 권고문체를 가지고 「신명기」의 성격과 기원의 출발로 삼으려 하는 것은 적절한 태도가 아니다.[23]

"왜 「신명기」를 읽어야 하는가?"라는 질문에 대해 어떤 해석자는 "신약성경을 이해하기 위해서는 「신명기」보다 더 기본적이고 중요한 책은 없다"[24]고 주장한다. 또한 밀러는 "구약의 어떤 책도 「신명기」처럼 우리들을 이스라엘 신앙의 핵심으로 곧장 인도하는 책은 거의 없다"[25]고 말한다. 또한 그는 이렇게도 말한다.

---

23) G. von Rad, *Studies in Deuteronomy*, 25-36쪽.
24) E. Achtemeier, *Deuteronomy, Jeremiah*. Proclamation Commentaries, Philadelphia: Fortress Press, 1978, 9쪽.
25) P. D. Miller, 『신명기』, 21쪽.

「신명기」는 몇 가지 점에서 구약성경의 중심 율법서이다. 그곳에서 우리는 십계명(신 5장), 쉐마에서 발견되는 으뜸가는 지상 계명(신 6:4-5), 이 계명에 대한 모세의 위대한 강론(신 6-9장) 그리고 구체적인 상황 속에서 십계명을 체계적으로 적용시켜 그리스도인의 삶을 위해 의미심장한 지침을 제공하는 신명기 법전(신 12-26장)을 만나게 된다. 신약성경 속에서 제시된 예수 그리스도와 그의 가르침, 그리고 그가 전파한 하나님 나라를 신학적으로 접근하고, 이를 신학적 개념들로 정돈하려고 할 때 가장 중요하게 인용되고 인증된 구약성경이 바로 이「신명기」이다.「신명기」를 인용하고 인증할 때 신약성경은 그 의미가 새롭게 해석되며, 이는 회당뿐만 아니라 교회를 위한 지침과 지혜를 제공한다. 계약 공동체의 일원으로 사는 이들에게「신명기」는 계약 공동체의 삶이 어떤 것인지, 그의 '종 모세'를 통하여 오래 전에 말씀하시고 지금도 여전히 가르치고 계시는 하나님에 대하여 많은 것을 가르쳐 준다.[26]

③「신명기」의 기원의 문제

「신명기」의 기원의 문제는 구약 전승의 역사에 있어 가장 어려운 문제라고 볼 수 있다.「신명기」는 신학적으로 장구하고 극히 복잡한 발전 과정의 산물로 여겨진다.「신명기」는 이

---

26) 같은 책, 26쪽.

스라엘 역사에서 비교적 늦은 시기에 이스라엘 신앙의 전 자산으로 모아지고 정선되어 신학적으로 정화되었다. 「신명기」는 바벨론 포로기(Exile, 주전 587~538년)나 포로기 이후(Post-exilic)시대를 드러내 주고 있다는 점에서 완전히 새로운 시작을 보여주며, 그렇기 때문에 「신명기」는 구약의 분기점, 중심점으로 그려져야 할 것이다. 가장 다양한 그룹들의 전승들이 「신명기」에서 서로 조화되고 완성된 완전한 단일체로 결합되었다는 점에서 「신명기」는 신약성서 중 「요한복음」과 비견될 수 있겠다.[27]

폰 라드는 「신명기」의 저자를 레위인으로 보고 있다. 그 까닭은 첫째, 「신명기」에는 많은 고대 제의에 대한 자료가 있는데, 이러한 전승들에 접근하고 그것들을 해석할 수 있는 부류는 평신도가 아닌 제사장적 권력을 가진 사람들이었음에 틀림없기 때문이다. 둘째, 레위인들은 민족적이고 군사적인 복권운동을 정열적으로 추진할 수 있는 대표자들임에 틀림없다는 것이다. 이 책의 저자의 문제와 관련하여 우리는 「신명기」 20장에 나타난 거룩한 전쟁을 말하는 제사장적 설교자, 즉 레위인들을 실례로 들 수 있다. 레위인들이야말로 거룩한 전쟁

---

[27] G. von Rad, *Studies in Deuteronomy*, 37쪽; 구약과 신약의 관련성(유형론)으로 볼 때 제2율법인 「신명기」가 제1율법(출-레-민)의 신앙적 해석이라면, 제4복음서인 「요한복음」은 공관복음(마-막-눅)의 신앙적 해석에 해당한다고 말할 수 있겠다.

과 밀접한 관련을 가지고 있는데, 이는 그들이 거룩한 전쟁의 가장 중심부의 역할, 즉 언약궤를 매는 자들(삼하 15:24)이기 때문이다.[28]

「신명기」의 기원에 관한 문제에 대답을 줄 수 있는 것으로 폰 라드는 아달랴(Athaliah, 주전 841~835)의 제거와 요아스(Joash, 주전 835~796)의 등극 기사(왕하 11-12장) 및 요시야(Josiah, 주전 640~609) 왕의 등극 기사(왕하 22-23장) 등을 거론한다. 아달랴는 당시에 '그 땅의 백성들(암 하아레츠, אֶרֶץ הָעָם)'이라고 불리는 세력에 의해 죽임을 당하는데, '그 땅의 백성들'이란 자유롭고 부유한 유다 시민들로서 전쟁시에 시민군으로 징집된 원주민들을 일컫는다. 「열왕기하」 11장 13-18절에 나오는 아달랴의 제거 기사는 대제사장인 여호야다(Johoiada)의 주도하에 영향력 있는 정치 그룹과 관련하여 일어났는데, 바로 그들이 '그 땅의 백성들'이라는 부유한 지역 유지들이었다. '그 땅의 백성들'의 이 같은 정치적 개입으로 인해 유다 국가는 제대로 발전할 수 없었으며, 요아스 당시 예루살렘에 있는 관리들과 지방 유지였던 자유농민들 간의 정치적 갈등은 매우 깊어졌고 이는 두 세기 동안 계속되었다.

그런데 흥미로운 것은 유다의 수도인 예루살렘에서 진행되

---

28) 같은 책, 60-67쪽.

었던 종교적 혼합주의(syncretism)에 강하게 반발한 사람들도 바로 '그 땅의 백성들'이라고 불린 사람들이었다는 것이다. 므낫세(Manasseh, 주전 697~642) 왕이 죽자 그 아들 아몬(Amon, 주전 642~640)이 왕위를 계승하였는데, 일부 세력들이 반역을 일으켜 아몬을 죽였다. 하지만 곧 이러한 반란자들은 숙청을 당하게 되고 아몬의 어린 아들 요시야가 왕의 자리에 오르게 되는데, 이러한 일들도 이들이 주도한 것이었다. 「신명기」에서 보이는 엄격한 야웨신앙을 지닌 고대 족장전승은 시골의 자유농민들 사이에서 상당히 오랫동안 살아남았고 이들의 이러한 신앙은 예루살렘의 제의와 정치의 갱신에 강한 자극을 주었다고 한다. 이러한 신앙운동에 실제적인 대변인 역할을 한 사람들이 바로 지방 레위인들이었고, 그러기에 「신명기」의 저자들은 여러 성읍에 거주한 지방 레위인들 가운데서 찾아야 한다는 것이 폰 라드의 주장이다.[29]

한편, 폰 라드는 「신명기」의 가장 직접적인 배경을 북왕국 이스라엘의 전승으로 보고 있다. 「신명기」 27장에 나타난 세겜 전승은 제의의 중앙화를 명백히 거부하고 있다.[30] 「신명기」가 요시야 치하의 유다 왕국에서 영향력을 가지고 있었다 할지

---

29) 같은 책, 63-66쪽.
30) 같은 책, 68쪽.

라도 그것이 곧 「신명기」를 유다 전승으로 간주되어야 할 필요는 없다. 벨히(A. C. Welch)와 알트(A. Alt)는 일찍이 「신명기」의 북왕국 기원을 강조한 바 있다. 「신명기」 전반에 걸쳐 나타나는 가나안 바알 제의와의 구별과 종교적 혼합주의와의 투쟁은 유다보다는 이스라엘에 더욱 부합하는 것처럼 보인다. 게다가 「신명기」는 전 이스라엘을 향하고 있고, 이스라엘과 관련된 이 전승의 삶의 자리는 북왕국이었다. 이에 비해 「이사야」에서는 다윗 전승(시온 전승)이 장려되었다.[31]

특히 중요한 것은 「신명기」와 「호세아」의 관련성이다. 왕권에 관한 「호세아」의 공격적인 기록들은 왕권에 대한 「신명기」의 부정적인 태도와 일치한다(신 17:14 이하; 호 3:4; 8:4; 13:11). 야웨를 사랑하라는 요구(신 6:5 등)도 「호세아」의 메시지와 밀접한 관련이 있다. 이같이 「신명기」가 북왕국 전승에서 유래한 것으로 간주된다면, 북왕국의 성소들 중의 한 곳(세겜 아니면 벧엘)을 기원장소로 고려될 수 있을 것이고, 아마도 그 시기는 주전 621년 이전이 틀림없을 것이다. 현재로

---

31) 솔로몬 왕이 죽은 해인 주전 922년에 통일 왕국이었던 이스라엘은 사마리아를 중심으로 한 북왕국('이스라엘' 또는 '에브라임'으로 부름)과 예루살렘(시온)을 중심으로 한 남왕국('유다'로 부름)으로 분열되었다. 북왕국 이스라엘은 해방 전승인 모세 전승(시내산 전승)을, 남왕국 유다는 제왕 전승인 다윗 전승(시온 전승)을 각각 강조하였다.

서는 「신명기」의 기원시기를 이 보다 훨씬 뒤로 늦출 충분한 근거는 거의 없다.32)

지금까지 고찰한 「신명기」의 기원의 문제를 비판적으로 살펴보자. 벨하우젠에 의하면 "「신명기」는 신학연구의 출발점이다."33) 「신명기」의 연대에 대해 사실 많은 학자들이 관심을 쏟고 있기는 하지만, 「신명기」의 사상과 언어의 영향이 구약에 두루 퍼져 있기에 「신명기」를 모세 시대의 것으로 보느냐, 요시야 시대의 것으로 보느냐에 따라 구약신학에 대한 평가에 엄청난 차이를 낳게 된다. 차일즈는 이 점에 대해 다음과 같이 말한다. 신명기학파(Deuteronomic circle)가 예언서를 편집하는 데 있어서 중요한 역할을 하였다는 것이 최근 비평적 연구의 주요한 발견이다. 게다가 구약신학의 중심점이 「신명기」라고 주장하는 학자들에 의해 「신명기」의 중요성이 더욱 점증되고 있다."34)

「신명기」의 저작 연대의 가설들은 "누가, 어느 때에, 무슨

---

32) G. von Rad, *Deuteronomy*, 26-27쪽; G. von Rad, *Old Testament Theology* I(이하 *OTT* I), 73쪽.
33) J. Wellhausen, *Prolegomena to the History of Ancient Israel*, 1878, ET Cleveland: Meridien, 1961, 13쪽.
34) B. S. Childs, *Introduction to the Old Testament as Scripture*, Philadelphia: Fortress Press, 1979, 204쪽.

목적으로 썼는가?"라고 하는 「신명기」의 기원에 대한 문제와 맞물려 있다. 지금까지 논의된 「신명기」의 기원은 크게 3가지 방향으로 나눌 수 있을 것이다. 즉 '예언자 그룹 기원설', '제사장 그룹 기원설', '궁정 지혜학파 기원설' 등이다.35)

첫째, 예언자 그룹 기원설이다. 이 주장은 「신명기」와 예언자 그룹의 공통점인 시내산 전승, 선택사상 등에 착안하여 북왕국에 피난 온 예언자 그룹이 모세 전승의 회복을 꿈꾸며 「신명기」를 썼다고 본다. 니콜슨(E. W. Nicholson)이 대표적으로 주장하는데, 그는 「신명기」와 예언자 집단들 간의 밀접한 관계를 나타내는 몇 가지 근거들을 밝혀내었다.36)

둘째, 제사장 그룹 기원설이다. 이 주장은 「신명기」가 제사의식에 관심이 많은 것으로 보아 제사장 그룹에 속한 레위인

---

35) 김정수, 「폰 라드의 신명기 해석에 대한 비판적 연구」, 경기: 아세아연합신학대학원, 석사학위논문, 1994, 21-22쪽.
36) 니콜슨은 이렇게 말한다. "그것들은 둘 다 옛 이스라엘의 암픽티오니(Amphictyony, 고대 그리스 부족간의 인보[隣保]동맹에서 유래된 말) 전승 위에 서 있다. 언약법의 준수에 대한 관심, 거룩한 전쟁, 이데올로기에 대한 충실한 준수, 카리스마적 지도력의 원칙들에 대한 강한 집착 그리고 왕정에 대한 비판적 태도 등이 사사시대의 중심조직이었던 암픽티오니 전승들이다. 왕제도에 대한 「신명기」의 태도는 많은 사람들에 의하여 「신명기」와 북이스라엘 전승들 간의 가장 강력한 연결고리들 중의 하나로 간주되어 왔다."(E. W. Nicholson, *Deuteronomy and Tradition: Literary and Historical Problems in the Book of Deuteronomy*, Philadelphia: Fortress Press, 1967, 69쪽).

들이 썼다고 보며, 앞서 말했듯 폰 라드가 이에 속한다.

셋째, 궁중 지혜학파 기원설이다. 「신명기」는 교육적인 내용과 문체를 담고 있는 등 지혜문학과 많은 유사점을 보인다. 이로 인해 바인펠트(M. Weinfeld) 등은 「신명기」를 궁중 지혜학파들의 저술로 보고 있다.

그렇다면 「신명기」의 기원은 과연 어떻게 보아야 할 것인가? 전통적으로 교회는 「신명기」를 이스라엘이 가나안 땅에 정착하기 직전인 주전 13세기경 모세가 쓴 '율법'(신 31:9, 24)으로 받아들였다. 「신명기」에 있는 "모세가 …… 이 율법 설명하기를 시작하였더라"(신 1:5; 5:1; 27:1,9; 29:2; 31:1,30; 33:1 등)와 같은 구절에 근거해서 교회는 전통적으로 모세를 「신명기」의 저자로 간주해 왔다.

하지만 성서에 대한 비평적 연구가 시작되면서 「신명기」가 모세의 단일 저작이라는 전통적 견해는 벽에 부딪히게 되었다. 「신명기」에 대한 비평적 연구는 드 베테(W. M. L. De Wette, 1780~1849)의 학위논문[37]으로 거슬러 올라간다. 드 베테는 「신명기」를 요시야 왕의 개혁(주전 621년, 왕하 22-23장) 때에 예루살렘 성전에서 발견된 두루마리와 연관이 있는

---

37) W. M. L. De Wette, *Dissertatio critica qua Deuteronomium a prioribus Pentateuchi libris diversum alius cuiusdam recentioris auctoris apus esse monstratur*, Jena, 1805.

것으로 생각하였다. 이러한 생각에서 드 베테는 주전 7세기 요시야 왕의 개혁 프로그램을 후원하기 위해 이용된(작성된) 문서가 「신명기」라고 보았다.

「신명기」 연구사는 마르틴 노트의 『전승사 연구 *Überlieferungs-geschichtliche Studien*』(1943년)를 기점으로 두 방향으로 구분된다. 노트 이전에 등장했던 학자들은 대부분 요시야 왕이 종교 개혁을 추진하는 과정에서 발견한 '율법책'(왕하 22:8)이 '원(原) 신명기(Urdeuteronomium)'일 것이라고 추정하였다. 그리고 그 '원 신명기'가 어떤 과정을 거쳐 지금과 같은 모습의 「신명기」를 이루게 되었는지를 추측하는 데 많은 관심을 기울였다.

노트의 연구는 이 같은 기존의 「신명기」 이해에 일대 획기적인 전환을 가져왔는데, 그것은 「신명기」 해석을 '신명기 역사서(Deuteronomistic History)'[38]라는 맥락에서 살펴보는 것

---

[38] 구약성경 안에는 이스라엘 역사를 기술하고 있는 방대한 두개의 평행하는 역사서가 있다. 하나는 '신명기 역사서'로서 「여호수아」로부터 「사사기」, 「사무엘상」, 「사무엘하」, 「열왕기상」, 「열왕기하」까지 모두 6권의 역사책을 말한다. 이들 역사책을 '신명기 역사서'라고 부르는 까닭은 「신명기」에 나타난 신학적 입장에 따라 이스라엘의 역사를 해석하고 기술했기 때문이다. 이 역사서는 약속된 땅에 들어온 때부터 바벨론 포로(주전 587년)로 잡혀가기까지의 역사를 기술하고 있다. 또 하나는 '역대기 역사서'로서, 「역대기상」, 「역대기하」, 「에스라」, 「느헤미야」 이렇게 4권의 역사책을 말한다. 이들 역사책을 '역대기 역사서'라고 부르는 까닭은 「역대기」

2. '신명기 신학' - 폰 라드 신학의 '뿌리' 49

이다(Noth, *The Deuteronomistic History*, 16-18쪽). 즉 노트는 「신명기」를 포로기(주전 6세기)에 쓰여진 저작으로 보았던 것이다. 그는 「신명기」가 성서해석의 역사상 뒤에 이어지는 신명기 역사서(수-왕하)의 서론 역할을 하고 있다는 것을 일깨어 주었다. 말하자면 「신명기」를 오경의 결론으로 보는 것이 아니라, 역사서의 서론으로 보자는 것이다. 노트의 이 같은 통찰은 정도의 차이가 있기는 하지만 오늘날 「신명기」를 연구하는 비평적인 학자들에게 대부분 수용되고 있다.

노트가 「신명기」 1-3(4)장과 31-34장이 특히 역사서의 서론에 해당된다는 주장을 내세우기 전에, 이미 「신명기」 연구사의 방향은 크게 수정되었는데, 바로 폰 라드의 연구가 여기에 해당한다. 폰 라드의 연구(『신명기에 나타난 하나님의 백성 *Das Gottesvolk im Deuteronomium*』, 1929년)는 「신명기」 연구사에서 중요한 전환점을 마련하였는데, 그것은 「신명기」의 편집층을 분석하는 연구에서 한발 더 나아가 최종 형태의 「신명기」가 어떤 상황에서, 무슨 의도로 전승되었는지를 묻고자 했기 때

에 나타난 신학적 입장에 따라 이스라엘의 역사를 해석하고 기술했기 때문이다. '역대기 역사서'는 '신명기 역사서'보다 대략 200년 늦은 주전 4세기 초(페르샤 시대, 주전 539~333)에 기록된 것으로 추정되는데, '신명기 역사서'를 중요 원본으로 삼아 이스라엘 역사를 기술했다(이와 관련된 보다 자세한 내용은, 박준서, 앞의 책, 72-97쪽 참조).

문이다.

폰 라드의 주장은 크게 두 가지로 정리할 수 있다. 하나는 「신명기」의 삶의 자리(저술 정황)를 하나님의 말씀이 낭송(낭독)되는 예배로 보는 것이다. 즉 「신명기」는 예배 때 낭독되고 낭송되는 과정을 통해 전승되었다는 것이다. 또 하나는 「신명기」의 저자를 레위인 제사장으로 간주한 것이다.[39] 문제는 여기에 있다. 「신명기」의 저자 추정에 대한 폰 라드의 주장이 대부분의 학자들로부터 더 이상 지지를 받지 못하기 때문이다.

「신명기」의 저자와 관련하여 바인펠트는 「신명기」의 연설 형태나 교훈적 의도가 지혜 전승의 그것과 유사하다고 주장하였다. 바인펠트의 연구는 「신명기」의 언어가 지혜문학의 언어사용과 밀접하게 연결되어 있음을 드러내고 있다.[40] 고대 이스라엘에서 '지혜'가 왕국을 다스리는 행정과 통치의 수단으로 받아들여졌다는 사실을 전제할 경우 「신명기」의 저자들은 예루살렘 궁중에서 활동했던 어떤 집단이었을 것으로 추측된다. 오늘날 많은 학자들은 「신명기」의 저자가 예루살렘

---

39) G. von Rad, *Studies in Deuteronomy*, 66-76쪽.
40) 마치 「잠언」의 어느 구절을 바라보듯이 「신명기」에는 지혜적인 가르침이 충만하다(가령 신 13:1=전 3:14; 신 19:14=잠 22:28; 신 25:13-16=잠 23:10; 11:1; 20:23; 신 23:22-24=전 5:1-5; 잠 20:25; 신 23:16=잠 30:10; 신 1:17=잠 24:23b; 신 16:20=잠 21:21)(M. Weinfeld, 앞의 책, 244-274쪽 참조).

궁중에서 활동하던 서기관 중 하나였을 것이라고 추정하는데 어느 정도 동의하고 있다.

「신명기」 저자에 대한 이 같은 통찰은 요시야 왕 시절의 「신명기」 저작과 포로기에 이루어진 「신명기」 편집 사이의 연속성을 밝히는 데에도 도움을 준다. 「신명기」 저자가 예루살렘 궁중에 살았던 서기관이었다면, 그들은 앗시리아와 맺은 동맹이나 그 문화에 친숙했을 것이고 예루살렘에 살다 포로로 끌려갔으므로 자연스레 포로기에 활동한 신명기 사가 중 하나가 되었을 것이다. 그렇지만 「신명기」 저자를 어느 특정한 부류의 전문 집단으로 국한하는 일에 대해서는 조심하지 않으면 안 된다. 「신명기」가 레위인 제사장뿐만 아니라 예언자들의 활동과 장로들의 위치에 대해서도 많은 관심을 기울이고 있기 때문이다. 따라서 「신명기」의 저자가 예루살렘 궁중의 고위 관리이거나 아니면 예루살렘 궁중을 개혁하려는 어떤 지식인 계층(Reforming Party)이라는 주장이 가장 설득력이 있는 것으로 보인다.[41]

결론적으로 「신명기」는 아마도 분열왕국 시기인 주전 8세기부터 주전 6세기 바벨론 포로기까지에 걸쳐 형성되었을 가능성이 매우 높다. 「신명기」와 「호세아」, 오경의 E 전승[42] 등

---

41) 왕대일, 앞의 책, 16-17쪽.
42) 아래 3. '육경의 신학'-폰 라드 신학의 '줄기' 중 '오경(육경) 전

과 같이 북왕국에서 발생한 다른 자료들과의 유사성으로 인해 「신명기」가 보존하고 있는 전승들과 자료들 중 더러는 북왕국에서 비롯되었을 가능성이 높다. 만일 그렇다면 북왕국 전승들은 「신명기」의 첫 번째 편집활동이 일어났을 주전 8~7세기와 일치하는 주전 8세기경에 유다로 흘러들어왔을 가능성도 있다.[43]

아무튼 「신명기」는 어느 한 시대에 국한시켜 이해하기보다 이스라엘 역사상 중요한 세 시기와 관련한다면 이 책을 이해하는 데 커다란 도움을 받을 수 있을 것이다.

첫째는 전통적으로 그랬듯 주전 13세기라는 상황을 배경으로 「신명기」의 말씀을 읽고 해석하는 것이다. 주전 13세기란 이스라엘 백성이 가나안 땅에 진입하기 직전의 때를 말한다. 「신명기」는 가나안 땅에 들어가기 직전 이스라엘 백성에게 들려준 모세의 말씀들로 제시되어 있다.

둘째는 주전 7세기 요시야 왕의 종교개혁을 배경으로 「신명기」를 읽을 수 있다. 「신명기」가 요시야 왕의 종교개혁(주전 621년)을 기점으로 최초의 밑그림(draft)을 갖추게 되었다고 볼 수 있다. 이 시기에 시도된 요시야의 종교개혁은 유다

승의 역사' 참조
43) P. D. Miller, 『신명기』, 31-32쪽.

백성의 정신과 삶을 하나님 앞으로 다시 돌아가게 하는 일대 대각성 운동이었다고 말할 수 있겠다.

셋째는 주전 6세기를 배경으로 파악할 수 있다. 주전 6세기란 「신명기」의 최종 편집이 대체로 완성되었을 시기이다. 대략 550년경 '신명기 역사서'의 서론으로 추가되면서 거기에 편입되었을 것으로 추정되기 때문이다. 중요한 것은 포로기 때에 이스라엘 사람들은 유다 백성이 포로로 끌려간 것을 하나님이 내리신 심판으로 깨달았다는 사실이다. 「신명기」 27장과 28장에 기록된 축복과 저주가 말씀이 그대로 성취되었다는 확신을 이스라엘은 포로기의 늪 속에서 깨달았던 것이다.[44]

「신명기」는 요시야 왕의 개혁을 낳게 한 문서인가? 아니면 요시야 왕의 개혁의 결과 산출된 문서인가? 클레멘츠(R. E. Clements)는 후자로 본다. 즉 요시야 왕의 개혁을 이루게 했던 조건이라기보다는 요시야 왕의 개혁이 낳은 신앙적, 종교적, 문학적 부산물이 「신명기」라는 것이다. 어느 경우든 「신명기」에는 정신적, 도덕적, 영적, 내적 가르침을 통해 이스라엘 민족의 정체성을 새롭게 가다듬으려는 노력이 깃들어 있다. 「신명기」는 남왕국 유다나 북왕국 이스라엘만이 아닌, '온

---

44) 왕대일, 앞의 책, 45-47쪽.

이스라엘'[45])이 하나가 되어 야웨 하나님께로 돌아갈 때 민족의 장래가 새로워질 것을 힘차게 소망하고 있다. 북왕국 이스라엘이 앗시리아에게 멸망(주전 722년)당하였던 아픈 과거를 되새기면서 이제부터 정화된 이스라엘, 새로워진 이스라엘이 하나님의 신앙을 성취할 것을 강력하게 소망하고 있는 것이다.[46]

「신명기」에 나타난 '하나님의 백성'

앞에서 이미 언급했지만 「신명기에 나타난 하나님의 백성」이라는 논문은 폰 라드로 하여금 구약연구에 일생을 바치게 할 만큼 결정적으로 중요한 주제를 담고 있었다. 성경에서 가장 중요한 문제 중의 하나인 '하나님의 백성'이라는 주제는 단순히 이스라엘 백성을 일컫는 것에 그치는 것이 아니라, 그 속에는

---

45) 다윗-솔로몬 왕에 의한 통일왕국은 솔로몬이 죽은 해인 주전 922년에 북왕국과 남왕국으로 분열되었다. 그 후 북왕국은 722년 앗시리아에, 남왕국은 587년 바벨론에 의해 각각 멸망하였다. 따라서 '온 이스라엘(כל־ישראל)'이라는 말은 「신명기」에서 많이 사용되는 문체(신 1:1; 5:1; 13:11 등등)로써 이 명칭에는 통일왕국 이스라엘에 대한 비전이 깔려있다. 통일왕국 이스라엘의 비전과 관련해서는, W. Zimmerli, "'Israel' in the Book of Ezekiel", in *Ezekiel 2*, Hermeneia, tr. by J. D. Martin, Philadelphia: Fortress Press, 1983, 563-565쪽 참조.
46) 왕대일, 앞의 책, 17쪽.

이스라엘의 삶과 정신이 포함되어 있다. 이스라엘 백성의 문화적인 제 활동, 역사, 예언, 문학, 정치, 종교 등이 모두 이 '하나님의 백성'이라는 개념과 불가분의 관계를 맺고 있는 것이다.47) '하나님의 백성'과 관련하여 이스라엘은 '선민(選民, The Chosen People)', '언약민(言約民, The Covenantal People)', '성민(聖民, The Holy People)'이며 이 자리에서 차례로 고찰해 보고자 한다.

① 선민(選民, The Chosen People)

오늘날에도 이스라엘 사람들에게 "너는 선민이야(You are a chosen people)"라고 말하면 그들은 전율할 듯 몸을 부르르 떨며 좋아한다고 한다. 그만큼 이스라엘 사람들에게 있어 '선택된 백성'이라는 선민사상은 그들의 정체성의 근간을 이룰 뿐만 아니라 그들이 당한 수천 년의 고난의 역사 속에서도 살아남을 수 있었던 원동력이 되었다. 이스라엘이 이 같은 선민사상을 갖게 된 것은 언제부터이고, 그 내용은 무엇일까?

이스라엘이 선택을 받았다는 선민사상은 구약에서는 언제나 '하나님의 백성'이라는 사상과 관련을 맺고 있다(신 7:6; 14:2). '선택'과 관련된 가장 대표적인 히브리 용어는 '바하르

---

47) G. von Rad, *Studies in Deuteronomy*, 70-71쪽.

(בָּחַר)'이다. 이 용어는 전승 가운데 비교적 후대에 속하는 「신명기」에 와서 처음으로 사용되었다. 야웨[48])께서 이스라엘을 자신의 독특한 백성으로 택했다는 신앙은 매우 오래된 것이지만, 선택사상이 초기에는 그렇게 철저하지 않았다. 선택을 철저히 믿는 신앙은 역설적으로 보편적인 역사관을 전제한다. 땅의 모든 민족 가운데서 야웨 하나님이 선택한 민족은 오직 이스라엘뿐이다(암 3:2).[49])

「신명기」는 선택과 성취, 곧 야웨의 독특한 백성으로서의 이스라엘의 선택과 하나님의 약속의 성취를 보여준다. 하늘과 땅, 그리고 그 위의 만물이 모두 야웨께 속할지라도 야웨는 이스라엘의 조상들을 기뻐하시고 그들을 사랑하사 그들과 그들의 후손에게 가나안 땅을 주기로 약속하셨다. 그리고 만민 중에서 오직 이스라엘을 선택하셨다(신 6:10; 7:8; 10:14-15).

---

48) 유대인들은 십계명의 제3계명인 "너는 네 하나님 여호와의 이름을 망령되게 부르지 말라"라는 말씀에 따라 네 글자(Tetragrammaton)로 된 하나님의 이름 'YHWH(יהוה)'를 발음하지 않고 그 대신 '아도나이(adonai)'로 발음함으로써 이 글자의 원래의 발음을 잃어버렸다. 우리말 개역성경은 '여호와(Jehovah)'로 되어 있는데, 그 정확한 발음을 회복하려는 현대 학자들에 의해 이제는 거의 '야웨(Yahweh)'로 받아들여지고 있다. 영어의 'God(하나님)'으로 번역되는 하나님에 대한 일반적인 호칭인 '엘로힘(אֱלֹהִים)' 神名(구약에 약 2,500번 사용)과는 달리 'Lord(주님)'로 번역되는 '야웨' 神名(구약에 약 6,700번 사용됨)은 '이스라엘과 언약을 맺은 하나님의 이름'으로 호칭되고 있다(G. von Rad, OTT I, 186쪽 참조).

49) G. von Rad, OTT I, 178쪽.

폰 라드는 이러한 선택사상을 「신명기」 기자의 창조적 산물로 보고 있다.[50]

'선택'이라는 말 자체가 비록 후대의 것이라고 해도 이 사상은 히브리인이 야웨 하나님과의 관계성을 인식할 때부터 있어왔던 중요한 신앙내용이었다. 이 사상은 「신명기」에서 가장 선명하게 나타났고, 예언자들 특히 하나님께서 택한 백성이라는 사실을 의식할 수밖에 없는 바벨론 포로기(주전 587~538)에 쓰여진 '제2이사야'(사 40-55장)에서 강조되었다. 선택사상에는 몇 가지 이스라엘 신앙의 기본적인 요소가 들어있으며, 이는 다음과 같다.

첫째, 하나님이 이스라엘 운명의 주인이시다.

둘째, 이 선택에는 하나님의 절대적인 사랑이 기초가 되었다.

셋째, 이스라엘은 이 사랑에 응답하여 그 책임을 다해야 한다. 그리고 책임을 다하지 못할 때는 벌을 받아야 한다.

이러한 기본적인 요소를 보여주는 대표적인 성경구절로는 「신명기」 7장 6-11절이 있다.

> 너는 여호와 네 하나님의 성민이라 네 하나님 여호와께서 지상 만민 중에서 너를 자기 기업의 백성으로 택하셨나니, 여호와께서 너희를 기뻐하시고 너희를 택하심은

---

50) 같은 책, 233쪽.

너희가 다른 민족보다 수효가 많은 연고가 아니니라 너희는 오히려 모든 민족 중에 가장 적으니라. 여호와께서 다만 너희를 사랑하심으로 말미암아, 또는 너희의 조상들에게 하신 맹세를 지키려 하심으로 말미암아 자기의 권능의 손으로 너희를 인도하여 내시되 너희를 그 종 되었던 집에서 애굽 왕 바로의 손에서 속량하셨나니, 그런즉 너는 알라 오직 네 하나님 여호와는 하나님이시요 신실하신 하나님이시라 그를 사랑하고 그 계명을 지키는 자에게는 천 대까지 그 언약을 이행하시며 인애를 베푸시되, 그를 미워하는 자에게는 당장에 보응하여 멸하시나니 여호와는 자기를 미워하는 자에게 지체하지 아니하시고 당장에 그에게 보응하시느니라. 그런즉 너는 오늘 내가 네게 명하는 명령과 규례와 법도를 지켜 행할지니라.

야웨께서 이스라엘을 거룩한 백성으로, 야웨의 소유된 백성으로 선택한 까닭은 사랑하시기 때문이라는 것이다. 여기서 언약과 야웨의 사랑은 동의어로 결합되어 있는데, 이 또한 새로운 것으로서 매우 광범위하고 근본적인 신학적 진술이 아닐 수 없다. 야웨와 언약을 맺었다는 이전의 어떤 전승에서도 이 같은 방법으로 진술된 예는 찾아볼 수 없다.[51]

여기 나타난 '선민사상'은 하나님과 맺은 언약을 충실히 지

---

51) 같은 책, 223쪽.

킬 것을 이스라엘에게 요구하고 있는데, 그에 대한 근거는 이스라엘이 다른 백성과는 다르게 '하나님의 성민'이기 때문이다. '선민 → 언약민 → 성민', 이 세 구슬은 한 줄에 꿰어져 하나님과 이스라엘과의 특별한 관계를 나타내며, 이스라엘이 '하나님의 백성'임을 밝혀주고 있다.

② 언약민(言約民, The Covenantal People)

하나님의 백성으로서의 이스라엘은 선민인 동시에 언약민이다. 언약민으로서의 이스라엘을 다루기에 앞서 먼저 '언약'('계약'이라고도 함)이 무엇인지 살펴보자. 성경이 구약과 신약으로 되어 있다고 말할 때 구약(舊約)은 '옛 언약'이란 뜻을, 신약(新約)은 '새 언약'이라는 뜻을 갖고 있다. 그러니까 성경은 '언약(言約)의 책'이고, 그런 의미에서 '언약'[52]이라는 용어는 신구약성경을 꿰뚫는 가장 중요한 용어라고 말할 수 있겠다.[53]

---

52) '언약'의 히브리어 낱말 '베리트(בְּרִית)'는 구약에 무려 283회나 나온다.
53) 구약과 신약이라는 말은 구약의 예언자 예레미야의 말씀에서 유래하였다. "여호와의 말씀이니라 보라 날이 이르리니 내가 이스라엘 집과 유다 집에 '새 언약(new covenant)'을 맺으리라"(렘 31:31). 여기서 예레미야는 '새 언약'이라는 말을 사용하였다. '새 언약'이란 곧 '신약(新約)'이라고 말이다. 그리하여 신약이라는 명칭이 생겨났고, 이에 대비하여 구약(舊約)이라는 말도 만들어지게 되었다 (cf. 눅 22:20; 고전 11:25; 히 8:8).

선민 이스라엘은 언약을 지키고 이행할 책임을 부여받았다. 선민사상은 하나님과 이스라엘과의 언약관계를 기본적인 전제로 하고 있는데, 이스라엘 역사에서 확인할 수 있는 전 민족적인 언약관계는 시내산에서 모세가 하나님께로부터 받은 십계명 사건에서부터 시작한다고 할 수 있다. 비록 그 이전에도 아브라함이나 이삭, 야곱 또는 요셉 등 족장들의 개별적인 신앙 체험을 통해 하나님과 언약을 맺기는 했으나, 이스라엘 민족 전체의 사건으로 언약이 맺어진 것은 시내산 사건에서부터라고 할 수 있다.

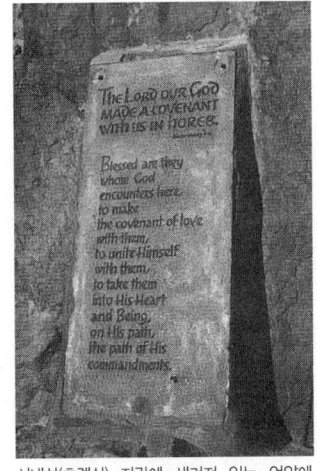

시내산(호렙산) 자락에 새겨져 있는 언약에 관한 문구. "우리 하나님 여호와께서 호렙산에서 우리와 언약을 세우셨다"(신 5:2).

> 세계가 다 내게 속하였나니 너희가 내 말을 잘 듣고 내 언약을 지키면 너희는 모든 열국 중에서 내 소유가 되겠고, 너희가 내게 대하여 제사장 나라가 되며 거룩한 백성이 되리라. 너는 이 말을 이스라엘 자손에게 고할지니라.[54]

2. '신명기 신학' – 폰 라드 신학의 '뿌리'

이 같은 시내산 언약은 이스라엘 민족 전체가 하나님의 백성으로서 야웨와 맺은 최초의 언약이라고 할 수 있다. 이 언약관계는 시내 광야로 출애굽한 모세 시대의 사람들에게만 해당되는 것은 아니다. 이스라엘은 항상 이 언약을 갱신하면서 「신명기」 시대(「신명기」가 편집된 주전 7~6세기)인 '오늘 (היום הזה 혹은 היום)'[55] 자신들에게 주신 것으로 믿었다. '오늘'이라는 말은 역사상 일정한 시간을 말하기보다는 언약의 현재성을 말한다. 「신명기」 기자는 언약의 이러한 성격을 누구보다도 잘 아는 사람인 것 같다(신 9:1; 15:15; 26:17; 27:9; 30:15,19).

> 우리 하나님 여호와께서 호렙산[56]에서 우리와 언약을 세우셨나니, 이 언약은 여호와께서 우리 조상들과 세우신 것이 아니요 오늘 여기 살아있는 우리 곧 우리와 세우신 것이라(「신명기」 5장 2-3절).

위의 본문을 통해서 우리는 과거에 맺은 시내산 언약이 단지 과거의 사건만이 아닌 '오늘'의 사건이 됨을 확인할 수 있

---

54) 「출애굽기」 19장 5-6절.
55) 「신명기」에는 '오늘'에 해당하는 이 히브리어 낱말이 무려 72구절에 걸쳐 나타난다.
56) 「신명기」에서는 '시내산'을 '호렙산'으로 부른다.

다. 하나님과의 언약관계가 예배의식을 통하여 언제나 동시대적인 의의(Gleizeitigkeit)를 가진다는 것이다.57)

여기서 "이스라엘은 야웨의 백성이 되고 야웨는 이스라엘의 하나님이 되신다"는 말은 언약관계가 성립되었기에 피차간에 언약에 성실할 것을 요청하는 의미를 담고 있다. 야웨 하나님은 언약의 주도권(Initiative)을 가진 분으로 그 언약을 성실하게 지킬 것이 요청되며, 이스라엘은 그와의 언약에 참여할 특권을 가진 자로서 그 책임에 충실하고 하나님의 언약에 진실을 보이도록 응답할 수밖에 없다.58)

하나님께서 그 백성을 진실히 대하시는 만큼 이스라엘도 하나님께 진실을 잃지 말아야 한다. 진실이 깨진다면, 곧 하나님의 백성됨도 파기될 것이다. 이 사실을 호세아는 그의 아들의 이름을 "내 백성이 아니다"(호 1:9,10)라는 뜻의 '로암미(לֹא עַמִּי)'라는 이름으로 표현하였다. 이스라엘의 영광은 '하나님의 백성'이 되는 데 있었다. '내 백성(עַמִּי)'이란 표현은 구약성서 기자가 즐겨 사용한 말이다. '내 백성'이라는 말에 '이스라엘'이라는 말을 붙여 사용한 경우도 있고(24회), '당신의 백성 이스라엘'(16회), '그의 백성 이스라엘'(6회)이라는 표

---

57) G. von Rad, *Gesammelte Studien zum A.T.*, 37쪽(김정준, 앞의 책, 57쪽에서 재인용).
58) 「여호수아」 24장에 잘 나타남.

현을 사용하기도 하였다. '나의 백성', '당신의 백성', '그의 백성' 등의 표현은 이스라엘이 하나님의 백성이 된 사실을 강하게 증명한다.

이스라엘의 신은 '누미노제(Das Numinose)'[59]의 신으로, 즉 가까이 할 수 없는 무서운 분이 아니라 개인적으로 '당신'이라고 부를 수 있을 만큼 친숙하고도 인격적인 분이다. 이러한 인격적인 관계성은 구약의 신관과 인간관이 지닌 독특한 위치를 잘 보여주고 있다. 이스라엘은 하나님 앞에서 스스로 '당신의 백성'이라는 의식을 가지고 하나님과 밀접한 인격적인 관계를 유지하였다. 이런 개인적인 관계를 「호세아」에서는 부부관계(호 2:19-20)로, 「예레미야」에서는 부자관계(렘 31:9)로 표현했다. 이렇게 인격관계로 표현된 하나님과 이스라엘의 관계는 신학적인 착색을 하여 '거룩한 백성'인 성민(聖民)으로 발전한다.[60]

③ 성민(聖民, The Holy People)

하나님의 백성으로서의 '성민'을 다루기에 앞서 구약에서

---

59) 루돌프 오토(R. Otto)는 그의 책 『거룩한 것 Das Heilige』에서 이스라엘의 하나님은 두렵고 무서운 신이 아니고 '당신'이라고 부를 수 있는 인격적인 신임을 종교학적으로 설명하고 있다.
60) 김정준, 「하나님의 百姓」小考, 『역사와 신앙』, 만수 김정준 전집 (1), 서울: 한국신학연구소, 1987, 56-61쪽.

말하는 '거룩'의 의미를 간단히 살펴보자. 구약에서 '거룩(holyness)'이란 말은 '구별(separation)'의 의미를 갖는다. 즉 어떤 것에 속하지 않은 채 분리된 상태를 '거룩'이라고 할 수 있는 것이다. 보다 쉽게 말하자면 이 세상에 속하지 않고 '하나님에 속한 것(상태)'을 '거룩'이라고 말할 수 있겠다.

시내산 기슭에 세워진 성 카타린 수도원(St. Catherine Monastery)에 소장되어 있는 성화로, 모세가 십계명을 받는 모습. 서기 1100년대의 성화로 시내산에서 불붙은 떨기나무와 신을 벗은 모세의 모습을 함께 담고 있다.

「레위기」 11장 45절 "내가 거룩하니 너희도 거룩할지어다"라는 말씀에서 볼 수 있듯이 하나님은 거룩한 분이며, 이스라엘 또한 그 거룩한 하나님께 속한 백성이기에 거룩한 백성, 곧 성민(聖民)이라고 부를 수 있다는 말이다. 이렇듯 하나님께 속한 것(상태)은 다 '거룩'한 것이기에 성부(聖父), 성자(聖子), 성령(聖靈), 성경(聖經), 성물(聖物), 성지(聖地), 성도(聖徒), 성도(聖都), 성일(聖日), 성인(聖人) 성역사(聖歷史) 등등의 용어를 사용하게 된다.

2. '신명기 신학' - 폰 라드 신학의 '뿌리' 65

구체적인 실례를 하나 들어보자.「출애굽기」 3장 5절에 보면 "하나님이 가라사대 이리로 가까이 하지 말라 너의 선 곳은 거룩한 땅이니 네 발에서 신을 벗으라"는 말씀이 있다. 지금 모세가 서 있는 곳은 미디안 광야이다. 그 땅은 이스라엘의 입장에서 보면 이방의 땅이기에 결코 거룩한 땅일 수 없다. 그런데 하나님은 지금 모세가 서 있는 그 땅을 '거룩한 땅(聖地)'이라고 말씀하고 계신 것이다. 왜 그럴까?

모세는 40년 광야생활을 통해 하나님의 사람, 곧 거룩한 사람으로 변해 있었던 것이다. 그리고 거룩한 사람이 서 있는 그 땅은 거룩한 땅이 된 것이다. 그럼에도 불구하고 그가 신고 있는 신발은 여전히 더러운(옛 것, 옛 사람) 신발이었고, 거룩함을 가로막고 있었던 것이다. 따라서 옛 것, 옛 사람으로 상징되는 더러운 신발을 벗음으로써 거룩한 사람 모세(새 것, 새 사람)가 서 있는 그 땅은 이제 진정으로 거룩한 땅이 된다.

거룩한 하나님께서 행하신 거룩한 역사(聖歷史)로서의 출애굽 사건(Exodus Event)을 시작하려는 시점에서 하나님은 거룩한 사람으로 준비된 자를 찾았고, 모세가 이에 적합한 인물로 소명을 받은 것이다. 거룩한 하나님은 거룩한 사람 모세를 불러 출애굽 사건이라는 구원의 역사, 곧 거룩한 역사를 시작하신 것이다.

이스라엘이 성민이라고 할 때 주의해야 할 점은, 이스라엘이 본래 성민이기 이전에 '히브리인(Hebrew)'이었다는 사실이다. 그렇다면 이스라엘 민족의 뿌리인 '히브리인'이란 무엇을 의미하는지 살펴볼 필요가 있겠다.[61]

1887년 이집트의 수도 카이로로부터 남쪽으로 약 300km 떨어진 나일강변의 도시 아마르나(Tell El-Amarna)에서 약 400개의 귀중한 토판문서(clay tablet)가 발굴되었다. 이것을 일반적으로 '아마르나 문서'라고 부르는데, 이들 문서는 고대 이집트의 18왕조의 마지막 왕이었던 아메노피스 3세(주전 약 1403~1364)와 아메노피스 4세(주전 약 1364~1347) 시절 외교문서들이었다. 그런데 이 문서가 우리의 주목을 끄는 것은, 이 문서에 어떤 집단을 지칭하는 명칭이 자주 등장하고 있기 때문이다. 즉 '하피루(Hapiru)'라고 부르는 집단에 대한 이야기가 125회나 언급되고 있는 것이다.

아마르나 문서의 발견 이후 하피루들에 관한 자료는 고대 근동에서 계속해서 발견되었다. 즉 메소포타미아부터 시작해서 히타이트, 페니키아, 가나안, 이집트에 이르기까지 광대한 지역에서 하피루에 관한 기록이 발견된 것이다. 이집트에서는 상형문자로 '아피루(apiru)'라고 표기되었고, 그 외의 지역에

---

61) '히브리'에 대한 보다 자세한 이해에 대해서는, 박준서, 「구약에 나타난 하나님 이해-히브리의 하나님」, 『구약세계의 이해』, 서울: 한들출판사, 2001, 38-57쪽 참조.

서는 '하피루(Hapiru)' 혹은 '하비루(Habiru)'라고 기록되었다.

그러면 이렇게 고대 이집트로부터 메소포타미아에까지 이르는 광대한 지역에 걸쳐 등장하는 하피루/하비루들은 과연 누구를 지칭하는가? 이들은 무엇보다 혈연으로 맺어진 혈연단체, 종족단위가 아니다. 즉 이들은 어떤 특정한 민족을 지칭하는 것이 아니란 말이다. 지금까지 발견된 자료를 모두 종합해 볼 때 하피루들은 고대 근동 전역에 걸쳐 존재하였던 특정한 사회계층의 사람들을 지칭하는 명칭이었다고 본다. 즉 하피루들은 당시의 사회에 뿌리박지 못하였던 하층의 주변인들을 통칭하는 말이었다.

이들은 다른 지역에서 이민 온 이방인인 경우가 많았고, 한 곳에 정착해서 안정된 생활을 하지 못하고, 이곳저곳 떠돌이 생활을 하는 '유목민적'인 방랑생활을 하는 사람들이었다. 하피루들은 혈연적·민족적 범주로서가 아니라 사회적·경제적·법률적 관점에서 이해해야 한다. 즉 이들은 사회적으로는 이렇다할 지위를 갖지 못한 '유랑민'이요, 법적으로는 이렇다할 권리를 보장받지 못한 '천민'이요, 경제적으로도 이렇다할 재산을 갖지 못한 '하층민'이었다. 즉 이들은 구약시대 당시 고대 근동 어느 사회에서나 존재했던 '사회적 약자들'을 통틀어 부르는 명칭이었다.

구약에서 발견되는 '히브리'라는 말의 본래의 발음은 '이브리('ibri)'인데, 구약에는 이 말이 35회 나타나고 있다. 이들 중 6회(출 21:2; 신 15:12[2회]; 렘 34:9[2회]; 욘 1:9)를 제외하면 다음의 두 경우에 이 말이 집중적으로 나타나는 것을 발견할 수 있다.

첫째는, 이스라엘 족장들의 역사로부터 출애굽까지의 역사이다. 즉 아브라함의 이야기(창 14:13)로부터 요셉의 이야기(창 39:14,17; 40:15; 41:12; 43:32), 모세의 소명기사(출 1:15, 16, 19; 2:6, 7, 11 ,13; 3:18), 그리고 출애굽 이야기(7:16; 9:1, 13; 10:3) 가운데 '히브리'라는 말이 21회 사용되고 있다.

두 번째는, 「사무엘상」에 기록된 사울과 다윗 당시에 이스라엘과 블레셋이 대결하는 이야기에서 '히브리'라는 말이 8회 (삼상 4:6,9, 13:3,7,19; 14:11,21; 29:3) 발견된다. 이 두 가지 경우를 종합해 보면 한 가지 주목할 만한 사실이 드러난다. 그것은 구약에서 '히브리'라는 말은 시간적으로 족장시대부터 다윗이 통일왕국을 수립할 때까지 국한되어 있다는 사실이다. 다윗 왕이 출현하여 왕정을 확립하고 통일왕국을 수립한 이후에는 구약 어느 곳에서도 '히브리'라는 말을 찾아보기가 쉽지 않다.

물론 다윗 왕 이후의 기록에서도 '히브리'라는 명칭이 여전히 사용되고 있기는 하다. 그러나 이때부터 '히브리'라는 말은 본래의 의미보다는 이스라엘과 동의어로 쓰이고 있다. 그런데 흥미로운 사실은 다윗 왕이 등장하면서부터 예언자들 또한 출현하기 시작하였다는 것이다. 그리고 이것은 우연한 일이 아니다. 구약의 예언자들의 역할은 여러 가지로 논할 수 있겠으나 그들은 무엇보다도 이스라엘의 하나님은 '히브리인들의 하나님'이고, 이스라엘의 신앙의 뿌리는 '히브리인들의 신앙'이라는 것을 각성시켜 준 사람들이었다. 예언자들은 이스라엘의 신앙이 다른 사람들 위에 군림하는 종교, 특권층의 종교로 전락하는 것을 경계하고 이스라엘 신앙의 본래의 모습을 회복하려고 노력한 것이다.

지금까지의 고찰을 통해 구약의 이스라엘 사람들은 근원적으로 고대 근동에 널리 편재하였던 '하피루'들이었다. 그런데 이들이 고대 근동의 일반적인 '하피루'들과 구별될 수 있었던 것은 그들의 사회적 배경에서 비롯된 것은 결코 아니었다. 구약의 이스라엘이 다른 하피루들과 달랐던 점은 오직 야웨 하나님을 믿는 공통된 신앙뿐이었다. 이렇게 하피루들 가운데 하나님 야웨를 믿는 신앙, 곧 '야웨신앙(Yahwism)'을 통해서 이스라엘을 형성하였던 것이다.

폰 라드는 '거룩한 백성'이라는 말이 다음의 몇 가지 뜻을 가지고 있다고 말하였다.[62]

---

62) G. von Rad, "Das Gottesvolk im Deuteronomium"(1929), 24-26쪽 (김정준, 「하나님의 百姓」小考, 만수 『김정준 전집(1)』, 61쪽에서

① 이 말은 신학적인 의미를 가진 말이다.
② 이 말의 기원은 이스라엘이 하나님께 속한다는 데 있다.
③ 이 말은 이스라엘이 야웨의 선택함을 받기 전부터 하나님은 이스라엘을 사랑하셨다는 것을 나타낸다.
④ 이 말은 윤리적인 의미를 내포하고 있다.

결국 이스라엘은 '거룩한 백성'이 '하나님의 소유'라는 뜻에서 왔다고 본다. 「신명기」 기자는 '하나님의 소유'를 "거룩한 백성"(עַם קָדוֹשׁ, 신 7:6), "기업의 백성"(עַם נַחֲלָה, 신 4:20), "보배로운 백성"(עַם סְגֻלָּה, 신 26:18)으로 표현하였다.63) 하나님께 성별되어 바치는 제물이 하나님의 소유물이 되고 하나님이 기뻐하시는 바가 됨과 같이 이스라엘은 하나님께 속한 성별된 백성이다. 바벨론 사람이 마르둑(Marduk) 신에게, 가나안 사람이 바알(Baal) 신에게, 에돔 사람이 그모스(Chemosh) 신에게, 애굽 사람이 라(Ra) 신에게 속하듯이 이스라엘은 야웨에

재인용).
63) 폰 라드에 의하면 「신명기」에 나타난 '하나님의 (소유된) 백성'에 대한 이 같은 말들은 고대 근동 종교에서는 찾아볼 수 없는 이스라엘 종교(구약)만이 가진 고유성을 드러낸다고 하였다(G. von Rad, 같은 글, 8쪽 참조[김정준, 『폰 라드의 구약신학』, 10쪽에서 재인용]).

게 속한다. 이 소속성에 이상이 생긴다는 것은 곧 신앙과 경건의 이상을 말한다. 그러기에 예언자들은 계속하여 이스라엘에게 경고한 것이다. 그 소속을 분명히 하라고 ……. 야웨께 속하였으므로 그 충성은 오직 야웨께 드릴 수밖에 없다.

'하나님의 백성'이 된다는 것은 결코 쉬운 일이 아니다. 거기에는 강한 책임이 따른다. 구약 기자들은 이스라엘 백성의 실존을 이 말과 결부시켰다.[64] 고대 근동에서 하비루였던 자들을 야웨 하나님께서 은혜로 부르시어 선택하셨기에 그들은 '하나님의 백성'으로 선택된 백성(선민)이요, 언약의 백성(언약민)이요, 거룩한 백성(성민)이 되었다(출 19:5-6; 레 20:24-26; 신 7:6-8; 암 3:1-2; 시 118:22-23). 이스라엘이 하나님의 백성이 된 것은 은총이자 특권이다. 특권에는 책임이 따른다. 따라서 이스라엘은 이제 하나님의 백성(선민, 언약민, 성민)답게 살아야 한다. 즉 하나님의 은총에 대한 이스라엘의 응답과 특권에 대한 책임이 따르며, 이 둘은 분리될 수 없는 불가분의 관계이다. 바로 여기에 구약신앙의 핵심이 있다.

그러면 어떻게 사는 것이 '하나님의 백성'답게 사는 것일까? 그것은 토라(Torah)에 대한 순종과 실천(신 8:11-20)에서 찾을 수 있다. 토라의 본래의 뜻은 '하나님께서 자기 백성 이

---

64) G. von Rad, *Gesammelte Studien zum A.T.*, 153쪽(김정준, 「하나님의 百姓」, 62쪽에서 재인용).

스라엘에게 주신 가르침(teaching)'이다. 토라에게는 다양한 별칭이 있다(율법, 규정, 증거, 교훈, 계명, 말씀, 명령, 법, 훈계, 규례 등등). 토라는 율법(Law), 계명(Commandment)의 형태로 되어 있다. 토라의 기초가 되는 십계명(출 20장, 신 5장)은 후에 613개의 계명(긍정 248개, 부정 365개)으로 확대되었으며, 이것은 "248개의 몸마디를 가지고 1년 365일 하루도 빠짐없이 다 지켜라"는 의미를 가진다.

이제 하나님의 백성인 이스라엘에게는 두 가지 길 앞에서서 선택과 결단을 해야 한다. 그것은 토라에 순종하는 생명과 축복된 삶이냐, 토라에 불순종하는 사망과 저주의 삶이냐이다(신 11:26-32; 28:1-14; 30:15-20; 시 1편). 그리고 바로 여기에서 구약의 예언자들이 이스라엘에게 끊임없이 하나님께로 돌아오라(회개, שוב)고 외쳤던 까닭을 발견할 수 있을 것이다(신 30:1-3; 겔 18:30-32).

「신명기」에 나타난 '거룩한 전쟁'

① 이슬람의 성전(聖戰)인 '지하드'

폰 라드의 '거룩한 전쟁(Holy War)'에 대한 논의를 하기에 앞서 우리들에게 친숙하면서도 낯선 용어, '지하드(jihad)'에 대해 살펴보자. 2001년 9월 11일 뉴욕의 세계무역센터와 워

싱턴의 국방부 건물(Pentagon)이 폭파를 당하는 대(大) 테러사건이 발생하였다. 미국은 이 테러사건을 아프가니스탄에서 활동하고 있는 오사마 빈 라덴(Osama bin Laden)과 그가 이끌고 있는 '알 카에다(al Qaeda)'의 소행으로 보고 아프가니스탄을 공격하기에 이르렀다. 이어 미국은 2003년 3월 20일 대량살상무기의 제거와 독재자 사담 후세인(Saddam Hussain, 1937~)의 축출이라는 명분을 내걸고 이라크를 침공하였다.

이러한 일련의 사건은 전 세계인으로 하여금 이슬람(Islam)[65] 혹은 무슬림(Muslim)[66]에 대한 관심을 불러일으켰다. 이슬람 전사(戰士) 혹은 무장(武裝) 이슬람 게릴라를 '무자헤딘(Mujahedin)'이라 하는데, 이들은 미국의 침략에 맞서 성전(聖戰), 곧 지하드를 선포하면서 전의(戰意)를 불태우고 있다.

이슬람 역사에서 지하드만큼 논란이 많은 것도 없다. 일부 예외가 있기는 하지만 지하드는 이슬람 신앙에 포함되는 종교적 의무이다. 아랍어 단어 '지하드(jihad)'는 동사 '자하다(jahada)'의 동명사로 '정신 및 육체적으로 최선을 다해 노력함'이란 의미를 갖고 있다. 이렇듯 지하드는 원래 '일정한 목적을 달성하기 위한 분투나 노력'을 뜻하지만, 예로부터 '이교도(異敎

---

65) 아랍어로 '굴복' 혹은 '순종'을 나타내는 말로 '알라(Allah)에게 복종한다'는 뜻이다.
66) 아랍어로 '하나님께 전적으로 굴복한 사람'이란 뜻으로 이슬람교를 믿는 신도를 일컬음.

徒)에 대한 전쟁'으로 해석되어 왔다.

지하드는 일반적으로 성전(聖戰)으로 번역된다. 하지만 이는 지하드가 가진 본래의 뜻을 담기에는 미흡한 번역이다. 이슬람의 지하드에는 티끌이 있는 이 세상(塵世)에서 벗어나 자신을 순화(純化)하기 위한 개인적인 신앙 차원의 노력과 이슬람의 발전이나 방어 및 확대를 위한 집단적인 분투(전쟁)가 포함된다. 전자가 내면적이고 평화적인 성격을 띠고 있는 것에 비해, 후자는 다분히 외향적이고 전투적인 성격을 지니고 있다. 굳이 지하드의 두 가지 내용을 분리하여 본다면, 개인적인 신앙 차원의 노력은 '노력 지하드', 집단적인 차원의 분투는 '성전 지하드'라고 칭할 수 있다.[67]

이슬람법(法)에 지하드는 '무슬림 공동체의 종교적 의무'라고 규정되어 있으며, "'이맘'(이슬람 교단의 지도자)이 명령을 내리면 성년이 된 남성 교도라면 누구든 지하드에 참가해야 한다"라고 규정되어 있다. 이슬람법에 의하면 지하드를 위해 싸우다 죽은 전사자는 '샤히드(shahid)', 곧 순교자(殉敎者)가 되어 천국에서 특별한 대우를 받는다고 한다. 이슬람 세계를 위협하는 이교도, 우상숭배자나 다신교도(多神敎徒) 등은 이슬람교도로 개종할 때까지 지하드의 대상이 된다.

---

[67] 정수일, 『이슬람 문명』, 서울: 창작과 비평사, 2002, 177-183쪽.

『코란』에서 지하드는 이슬람교도의 중요한 의무라고 규정하고 있거니와, 7세기에 있었던 아랍 대정복이 바로 이 지하드에 의해 벌인 전쟁이었다. 그 후 십자군전쟁으로 지하드에 대한 의식이 고조되었다. 오스만 제국의 술탄(이슬람제국의 군주)이 1차세계대전 중에 지하드에의 참여를 호소하였으나 큰 효과를 발휘하지는 못했다. 최근에는 걸프전(이라크의 쿠웨이트 침공으로 시작된 이라크와 유엔 연합군 사이에서 벌어진 전쟁)과 미국-아프가니스탄, 미국-이라크 전쟁을 통해 지하드가 다시 강조되고 있다.[68]

이슬람의 '지하드'에 대한 기원은 구약, 특히 「신명기」와 '신명기 역사서'(「여호수아」-「열왕기하」)에 나타난 '거룩한 전쟁'까지 거슬러 올라간다. 「신명기」와 '신명기 역사서'만큼 '거룩한 전쟁'에 관한 풍부한 자료를 제공하는 것은 없다. 그렇다면 과연 '거룩한 전쟁'은 무엇이고 이것이 어떻게 '지하드'와 관계가 있는지 살펴보도록 하자.

② '거룩한 전쟁'의 내용[69]

'거룩한 전쟁'과 관련하여 우리가 지금 참고하려는 폰 라드

---

68) 학원 세계대백과사전 편찬위원회, 「지하드」, 『학원 세계대백과사전』(제27권), 서울: 학원출판공사, 1994, 247쪽.
69) 이에 대해서는, G. von Rad, *Holy War in Ancient Israel*, Grand Rapids: Eerdmans Publishing Company, 1958, 39-134쪽 참조.

의 이 작은 책(『고대 이스라엘의 거룩한 전쟁 *Holy War in Ancient Israel*』)은 본래 84쪽 밖에 되지 않는 얇은 소책자이지만, 그 속에서 잘 짜여지고 설득력 있는 하나의 이론을 압축시킨 폰 라드의 능력을 확인할 수 있다. 이와 관련하여 밀러(P. D. Miller, Jr.)는 다음과 같이 말한다. "구약연구에 있어 지난 30년 동안 여러 저작들 가운데 폰 라드의 이 작은 책(*Der Heilige Krieg im alten Israel*)보다 훌륭한 저작은 없을 것이다."70)

폰 라드의 『고대 이스라엘의 거룩한 전쟁』.

고대에는 전쟁이 흔히 종교적인 행위와 결부되었다. 고대의 전쟁은 넓은 의미에서 어느 것이나 거룩한 전쟁, 곧 성전(聖戰)이었다(이슬람의 성전[聖戰]인 지하드도 마찬가지). 이스라엘의 전쟁은 언제나 '거룩한 것'이라고 생각되었으나, 점차 이런 신성한 성격이 소멸되고 세속화되었다(마카비 전쟁은

---

70) P. D. Miller Jr., *The Divine Warrior in Early Israel*. HSM 5, Cambridge, Mass.: Harvard University Press, 1973, 2쪽.

생존투쟁이었다).

거룩한 전쟁의 선포는 "야웨께서 ~를 너희 손에 넘겨주셨다"는 형식을 띠고 있다.[71] 예를 들면 「신명기」 2장 24절을 보자. "너희는 일어나 행진하여 아르논 골짜기를 건너라 내가 헤스본 왕 아모리 사람 시혼과 그의 땅을 네 손에 넘겼은즉 이제 더불어 싸워서 그 땅을 차지하라." 여기에서 우리는 승전(勝戰)의 확신이 다만 말씀에 기초하고 있음을 확인할 수 있다. 그리고 그들은 언약궤(법궤)를 통해 야웨께서 전장의 자리에 임재하고 계심을 알았다(민 10:35-36; 수 6:6-13; 삼상 4장; 삼하 11:11).

전투가 벌어지면 야웨께서 친히 그들 앞에 나아가신다고 그들은 믿었다(신 20:4; 수 3:11; 삿 4:14; 삼하 5:24 등). 예를 들면 「신명기」 1장 30절을 보자. "너희보다 먼저 가시는 너희의 하나님 여호와께서 애굽에서 너희를 위하여 너희 목전에서 모든 일을 행하신 것 같이 이제도 너희를 위하여 싸우실 것이며." 바로 이러한 전쟁이 '야웨의 전쟁(Yahweh War)'이다(삼상 18:17; 민 21:14). 이스라엘의 적은 곧 야웨의 적이며(삿 5:31; 삼상 31:26), 전투는 오직 야웨께서 하시는 것이다.[72]

---

71) 수 2:24; 6:2,16; 8:1,18; 10:8,19; 삿 3:28; 4:7,14; 7:9,15; 18:10; 20:28; 삼상 14:12; 17:46; 23:4,5; 26:8; 왕상 20:28 등.

야웨께서 이렇게 친히 싸우신다는 사실은 적군들에게 주는 영향도 크지만 무엇보다 이스라엘의 사기를 북돋우는 데 결정적인 역할을 했다. 곧 이스라엘은 두려워할 것이 아니라 다만 믿기만 하라는 것이다.73) 예를 들면 「신명기」 20장 3-4절을 보자. "말하여 이르기를 이스라엘아 들으라 너희가 오늘 너희의 대적과 싸우려고 나아왔으니 마음에 겁내지 말며 두려워하지 말며 떨지 말며 그들로 말미암아 놀라지 말라. 너희 하나님 여호와는 너희와 함께 행하시며 너희를 위하여 너희 적군과 싸우시고 구원하실 것이라 할 것이며." 한 마디로 "하나님께서 우리와 함께 하신다"(이를 '임마누엘[עִמָּנוּאֵל]'이라 함, 사 8:8,10; 마 1:23)는 것이다. 그러니 '두려워하지 말라! 겁내지 말라! 믿기만 하라!'는 것이다.

야웨께서 직접 전투에 간섭하신다는 것은 거룩한 전쟁에서 뺄 수 없는 요소이다.74) 그러므로 전쟁의 승리는 야웨의 손에 달려 있다. 즉 야웨가 친히 오셔서 도우신다는 것이다(삿 5:23). 그리고 이 전쟁의 절정(絶頂)은 전리품에 대한 금령에

---

72) 출 14:4,14,18; 신 1:30; 수 10:14,42; 11:6; 23:10; 삿 20:35; 삼상 14:23 등.
73) 출 14:13; 신 20:3; 수 8:1; 10:8,25; 11:6; 삿 7:3; 삼상 23:16,17; 30:6; 삼하 10:12 등.
74) 출 23:27; 신 7:23; 수 10:10,11; 24:7; 삿 4:15; 7:22; 삼상 5:11; 7:10; 14:15,20 등.

있다. 이를 헤렘(Herem)법, 곧 진멸법 또는 멸절법이라고 한다.[75] 「신명기」 2장 34절을 보자. "그 때에 우리가 그의 모든 성읍을 점령하고 그 각 성읍을 그 남녀와 유아와 함께 하나도 남기지 아니하고 진멸하였고." 이러한 진멸법을 위반했을 때에는 가차 없는 처벌을 피할 수 없다(아간의 예[수 7장], 사울의 예[삼상 15장]).

이스라엘에서 성전의 성격이 최초로 명백하게 나타난 곳은 '드보라와 바락 이야기'(삿 4-5장), '기드온의 3백 용사'(삿 7장), '블레셋과의 전쟁'(삼상 14:6-23) 등이다. 하지만 왕정이 들어서자 상비군, 용병 등이 나타나게 되었고, 이로 인해 전쟁이 근원적으로 거룩한 것이라는 성격은 점차 사라졌다. 이제는 신(神) 야웨의 전쟁이 아니라 인간 왕(王)의 전쟁으로 그 성격이 바뀐 것이다(삼상 8:20).

예언자들은 예언자적 종말론(prophetic eschatology)의 핵심으로 '야웨의 날(יוֹם יהוה)'을 선포했는데, 폰 라드는 이 야웨의 날[76]이 '전쟁의 날'로서 '거룩한 전쟁(야웨의 전쟁)'과 관련된다고 주장하였다.[77]

---

75) 민 21:2; 신 7:2; 20:16,17; 수 6:18; 7:1; 8:2; 삼상 15:1-23 등.
76) 암 5:18-20; 사 13:6-8; 34:1-8; 렘 46:5-10; 겔 30:1-9; 7:5-12; 욜 1:10; 2:1-11; 습 1:7-18 등.
77) G. von Rad, *Old Testament Theology II*(이하 *OTT II*), 120-125쪽.

거룩한 전쟁에 대해서는 대개 이전의 연구사를 통해 접근하지만, 폰 라드는 이와 달리 세 가지 영역(양식비평, 솔로몬의 계몽주의, 「신명기」)의 접근을 시도함으로써 새로운 논의꺼리를 찾아냈으며, 이는 다음과 같다.

첫째, 고대 이스라엘에서의 거룩한 전쟁은 방법론적으로 양식비평에 의존한다. 폰 라드는 자신의 책의 첫 문장에서 이를 분명히 했다. "오늘날 구약연구는 주로 제도의 문제에 의해 결정된다."[78] 폰 라드에 의하면 거룩한 전쟁은 하나의 전승만이 아니라 하나의 특수한 제도이다. 전승과 제도는 늘 함께 간다. 이러한 이유로 폰 라드는 거룩한 전쟁이 사사시대에 있었던 방어전쟁을 뜻하며, 출애굽 혹은 정착시대에는 적용될 수 없다고 주장한다. 왜냐하면 거룩한 전쟁의 전제가 되는 일종의 제의적 조직체가 사사시대 이전에도 가능했을지는 몰라도 우리는 그들 예배에 대해 아는 바가 없기 때문이다.

거룩한 전쟁에서 주장된 제의(祭儀)적 전승은 제의적 제도를 전제한다. 그것은 또한 암픽티오니[79]를 전제한다. 사사시대 이전의 암픽티오니에 대해 우리가 아는 것은 아무 것도 없다. 사사시대에서 거룩한 전쟁은 제의적 제도였으나, 거룩한 전쟁 전승은 제의와 분리되었다. 육경 전승에서처럼 거룩한

---

78) G. von Rad, *Holy War in Ancient Israel*, 39쪽.
79) 각주 36번 참조.

전쟁 전승은 영성화되었고 합리화되었다. 그것은 애초의 제의적인 의미에서 신학적인 면으로 그 의미가 변화되었다.

둘째, 지파동맹에서 왕조로의 변화는 정치·경제적 변화 이상의 의미를 지닌다. 가장 결정적인 변화로 폰 라드는 솔로몬을 연관시켰다. "솔로몬 시대는 고대 족장시대의 삶의 양식과 확연히 단절을 이루는 계몽주의의 시대였다"라고 말한다. 솔로몬 치하의 계몽주의는 '세속영역'의 확대와 더불어 제의와 거룩한 삶의 차원에 대한 관심이 줄어들었음을 의미한다.[80]

폰 라드는 솔로몬의 계몽주의가 곧 '솔로몬의 인본주의(Solomonic humanism)'라고 말하면서 이를 그 이전 암픽티오니 시대의 '범(汎) 성례주의(pan-sacralism)'와 대조시킨다. 그러면서 거룩한 전쟁에 나타난 야웨의 직접적이고 결정적인 개입의 강조를 암픽티오니, 즉 계몽주의 이전으로 돌린다. 폰 라드는 부버(M. Buber, 1878~1965)로부터 용어를 차용하여 거룩한 전쟁에서 야웨와 이스라엘은 '신인협력설(synergism)'을 함께 행한다고 말한다. 야웨의 행동하심을 강조하는 설화와 전쟁에서의 승리를 야웨께 돌리는 것 등은 솔로몬 이후 나타난 계몽주의적 사고의 산물이라는 것이다.

---

80) 같은 책, 56, 81-93쪽. 폰 라드의 'amphictyony'는 왕정이전시대 12지파의 제의적·정치적 조직체를 의미한다. 폰 라드는 제도(institution)와 삶의 자리(Sitz im Leben)의 구별을 가정한다. 거룩한 전쟁은 제도를, 제의는 그것의 삶의 자리를 말한다.

셋째, 거룩한 전쟁이 이스라엘 암픽티오니 시대의 제도라면 왜 그것이 훨씬 후대에 형성된 「신명기」에서만 나타나느냐는 중요한 문제가 남아 있다. 폰 라드는 이에 대해 「신명기」는 '유다의 되살아난 시민군(Judah's revived militia)'[81])에 그 기원을 갖고 있다고 말한다.[82]) 주전 701년 이후 앗시리아 세력의 쇠퇴는 유다 부흥의 기회와 필요를 제공하였으며, 이에 있어 왕궁뿐만 아니라 지방 레위인들의 후원이 큰 영향력을 행사했다.

이처럼 당시에는 민족의 독립과 내적 개혁에 관한 정치적 형태가 강하게 나타났는데, 거룩한 전쟁 또한 다시 한번 그 제의적 정황 안에서 자리 잡게 되었다. 이러한 정치적이고 제의적인 정황은 폰 라드에 의하면 구체적인 전쟁(신 20:1-20; 21:10-14; 23:10-14; 24:5; 25:17-19) 및 제의와의 관계를 포함하여 「신명기」의 거룩한 전쟁의 성격을 설명해 준다.

「신명기」는 훨씬 후대의 상황 속에서 고대 암픽티오니 전승을 재생시켰다. 고대 이스라엘의 거룩한 전쟁은 방어적(암픽티오니를 방어하는)인 성격이 강한데 비해, 「신명기」에서 나타난 거룩한 전쟁은 주로 종교전쟁적인 의미가 강하게 나

---

81) 왕정시대의 용병이나 상비군 전통이 아닌 사사시대의 시민군 전통이 다시 되살아남.
82) G. von Rad, *Studies in Deuteronomy*, 61쪽.

타나 있다. 즉 「신명기」는 고대 전승을 역전시키고 다시 재생시킨 것이다. 이러한 역전은 어떻게 이루어졌을까? 폰 라드는 이를 거룩한 전쟁에 대한 기억을 간직하고 있었던 집단, 즉 예루살렘 밖에 살았던 보수적인 농민 집단(암 하아레츠)에서 실마리를 잡으려 하였다.[83]

③ '거룩한 전쟁'에 대한 비판적 고찰

지금까지 살펴본 「신명기」의 '거룩한 전쟁'을 다시 한번 비판적으로 살펴보자.[84] 스멘드(R. Smend)는 사무엘 이전의 암픽티오니는 제의적 연합체이지 정치적이거나 군사적 연합체는 아니었음을 주장한다. 초기 이스라엘이 치른 전쟁들은 비록 제의적인 면들이 다소 포함되어 있다고 할지라도 제의적 제도라는 기능을 지니고 있지는 않았다. 그렇기 때문에 '거룩한 전쟁'에 대해 말하는 것은 적절치 않으며 대신 이를 우리는 '야웨의 전쟁'이라고 불러야 할 것이라고 주장하였다.[85]

바이페르트(M. Weippert)는 이스라엘과 앗시리아의 전쟁을

---

83) G. von Rad, *Holy War in Ancient Israel*, 20-21쪽.
84) Ben C. Ollenburger는 G. von Rad의 *Holy War in Ancient Israel*의 서론 "Gerhard von Rad's Theory of Holy War"(1-33쪽)에서 폰 라드의 거룩한 전쟁에 관한 연구사를 잘 정리해 주고 있다.
85) R. Smend, *Yahweh War and Tribal War*, 1963, 36-37쪽(G. von Rad, 같은 책, 22-24쪽에서 재인용).

통해 '거룩한 전쟁'이 시대착오적인 개념임을 주장하였다. 왜냐하면 거룩한 전쟁과 세속적 전쟁을 구별해 줄 수 있는 근거를 어느 고대 문서에서도 찾을 수 없기 때문이다. 게다가 바이페르트는 폰 라드가 거룩한 전쟁과 관련하여 제시한 제의적이고 이데올로기적인 요소들의 그 어느 것도 이스라엘에 독특한 것이 아니며, 그것들은 고대 근동 혹은 고대의 일반적인 관습이나 이데올로기의 일부일 뿐이라고 주장하였다. 이스라엘에서 전쟁의 카리스마적 지도력은 지파동맹시절이나 왕정시대나 아무런 차이가 없다. 결국 왕정시대의 전문적인 군대제도는 지파동맹시절의 지파 시민군의 제거를 의미하지 않는다.[86]

'야웨의 전쟁'에 관해 포괄적인 연구를 한 스톨츠(F. Stolz)는 암픽티오니를 가정하지 않는다. 그는 이스라엘 지파들이 어떤 공통된 전쟁 경험을 공유했다는 것을 부정한다. 이스라엘 역사 초기에 거룩한 전쟁과 같은 동종의 제도는 없었다는 것이다. 대신 다양한 제도가 있었을 뿐이다. 지파들은 야웨가 우월한 군사력으로 승리를 가져올 것이라고 믿으면서 '야웨의 전쟁'의 경험을 공유하였다. 그렇다고 그들이 제의적이거

---

[86] M. Weippert, "'Heiliger Krieg' in Israel und Assyrien: Kritische Anmerkungen zu Gerhard von Rads Konzept des 'Heiligen Krieges im alten Israel'", *ZAW* 84(1972), 490-492쪽(G. von Rad, 같은 책, 24쪽에서 재인용).

나 이데올로기적인 어떤 공통된 패턴을 공유한 것은 아니었
다. 그들을 서술할 공통된 어휘도 없었으며, 공통된 제의나
정치적인 정황 또한 없었다.

폰 라드는 군비와 동맹에 대한 이사야의 거부, 야웨를 바라
보고 견고히 설 것을 주장하는 이사야의 신앙 또한 거룩한 전
쟁 전승 — 특히「출애굽기」14장에서 예증된 대로 — 에서
유래했다고 주장한다. 그런데 폰 라드가 의아하게 생각하는
것은 거룩한 전쟁이라는 고대 전승이 예언자 이사야에게만
나타나고, 다른 예언자들은 그것을 알지 못한 것으로 보인다
는 점이다. 이에 대해 스톨츠는 이렇게 설명한다. 이사야는
여러 예언자들 가운데 시온 전승과 예루살렘 제의 전승에 의
지하고 있다는 점에서 독특하다. 예루살렘 제의 전승에 대한
탐구(특히 왕상 8장과 시 10, 18, 24, 47, 68, 80, 132편 등)에
서 그는 야웨를 전쟁의 하나님으로 예루살렘에서 숭배되었다
고 주장한다. 즉 이사야는 거룩한 전쟁 전승이나 야웨의 전쟁
전승에 의존하지 않고 예루살렘 제의 전승에 의존했다는 것
이다.[87]

거룩한 전쟁에 대한 최근의 연구는 신화적 차원을 강조하
는 경향으로 나아가고 있다. 크로스(F. M. Cross, *Canaanite*

---

[87] F. Stolz, *Jahwes und Israels Kriege*, 1972(G. von Rad, 같은 책, 24-29
쪽에서 재인용).

Myth and Hebrew Epic, 1973)와 밀러(P. D. Miller, Jr., *The Divine Warrior in Early Israel*, 1973)는 야웨의 전쟁 혹은 거룩한 전쟁의 신화적 배경을 연구하였다. 초기 이스라엘에서 나타난 시를 보면 세계의 질서를 위해 우주적 적들과 전쟁을 벌이는 신적 전사(Divine Warrior)로서의 야웨를 볼 수 있다. 동시에 야웨는 이스라엘을 위해 싸우고, 이스라엘의 역사적 적들에 대항하여 싸우신다. 이런 방식으로 신적 전사로서의 야웨의 신화론과 거룩한 전쟁에 대한 이스라엘의 경험이 융합된 것이다.

크로스와 밀러는 스톨츠의 결론을 수정하였다. 거룩한 전쟁 혹은 야웨의 전쟁 배후에 놓인 전승은 예루살렘 제의 전승에서뿐만 아니라 보다 이전의 시적 전승(가령, 출 15장, 신 33장, 시 68편)에서도 나타나기 때문이다. 이들에 의하면 「사사기」 5장(드보라의 노래) 또한 이러한 초기 본문에 속한다. 이러한 시들의 연대를 다윗 이전으로 본다면 ① 이들 초기 시편들, ② 예루살렘 제의 전승, ③ 구약에서 야웨의 전쟁 설화들의 관계는 스톨츠가 주장한 것보다 더욱 복잡해진다.[88]

린드(M. C. Lind)는 폰 라드처럼 거룩한 전쟁의 시기를 왕

---

[88] Stolz에 의하면 「출애굽기」 15장은 「신명기」보다 앞선 예루살렘 제의가 발생한 출애굽 전승과 시온 전승의 결합을 반영한다. 또한 「사사기」 5장의 정황은 예루살렘 제의에 있다고 주장한다(G. von Rad, 같은 책, 29-30쪽에서 재인용).

정보다 앞선 것으로 보았다. 크로스와 밀러처럼 그는 신적 전사로서의 야웨를 묘사한 초기 시들을 역사적 실재로 돌린다. 그는 거룩한 전쟁의 규범적 도식을 「출애굽기」 15장에서 찾는데, 구약의 가장 오래된 본문인 이곳에서 야웨는 홀로 이스라엘을 구원하시는 것으로 보여진다. 그곳에서는 평화주의(Pacifism)를 야웨의 전쟁 전승의 신학적 중심으로 제시한다. 린드에 의하면 이스라엘에게 승리를 주시는 야웨의 행동에 대한 강조는 야웨의 전쟁 전승과 이스라엘 역사가 시작되는 부분에서 발견된다.[89] 그러나 폰 라드에게 있어 이러한 강조는 개개의 사건들과는 떨어진 역사가들에 의해 산출된 후대의 신학적 산물에 불과하다.[90]

한편, 거룩한 전쟁에 나타난 헤렘법(진멸법)은 어떻게 받아들여야 할까? 어떻게 하나님은 아모리인들이 살고 있는 곳에 쳐들어가 그토록 끔직한 대량학살을 신앙의 이름으로 명령(신 7:1-2)하신 것일까? 이것은 아우슈비츠(Auschwitz)의 대학살이나 캄보디아에서 저질러진 킬링필드(killing field)를 연상케 한다. 만약 이러한 가르침을 문자적으로 해석한다면, 우리는 '폭

---

89) M. C. Lind, *Yahweh Is a Warrior: The Theology of Warfare in Ancient Israel*, 1980(G. von Rad, 같은 책, 33쪽에서 재인용).
90) G. von Rad, 같은 책, 33쪽.

력의 본문(text of terror)'을 '성서적'이라는 미명하에 정당화시키는 함정에 빠지게 된다.

이 본문은 곧잘 은유적으로 해석해 왔다. 말하자면 존 번연(John Bunyan)의 『천로역정 Pilgrim's Progress』처럼 신앙의 길을 막는 온갖 죄악의 덩어리들을 쳐부수어야 한다는 것이다. 이 경우 가나안에 버티고 있는 아모리인의 도성은 '의심의 도성'이요, 아낙 자손은 '절망이라는 괴물'이며, 이스라엘이 차지해야 될 가나안 땅은 '하늘나라'로 읽혀지곤 한다. 하지만 이런 식의 알레고리 또한 본문이 근거하고 있는 역사적 사실과는 아무런 상관없는 주관적 해석에 빠지는 폐해를 낳는다.

헤렘 또한 고대사회의 '거룩한 전쟁'과 연관하여 생각해야 한다. 헤렘은 전쟁 이데올로기였다. 이스라엘에게 있어 거룩한 전쟁은 하나님이 수행하시는 전쟁이다(수 7:10-13; 삼상 15:1-3,20-22,32-33). 그러기에 인간은 그 어떤 노획물도 인간 자신의 것으로 차지할 수 없다는 종교적 판단이 나오게 되는 것이다. 인간이 하는 일은 오직 '용사이신 하나님(divine warrior)'이 하신 일을 증언하는 데 있다고 보았다. 야웨신앙에 오염될 만한 그 어떤 요소도 남겨 두어서는 안 된다는 생각이 거기에 내포되어 있는 것이다.[91]

---

91) 왕대일, 『다시 듣는 토라: 설교를 위한 신명기 연구』, 109-110쪽.

3. '육경의 신학' – 폰 라드 신학의 '줄기'

앞에서 이미 언급했듯이 폰 라드는 1938년에 「육경의 양식비평적 문제」[92]라는 오경(육경)연구의 새로운 장을 여는 획기적인 논문을 발표하였다. 이 논문은 20년 후에 나타날 그의 역작 『구약신학』의 토대가 된 아주 중요한 논문이다. 여기서 폰 라드의 '육경의 신학'을 이해하기 위해서는 '사경', '오경' 그리고 '육경'에 대한 이해가 선행되어야 한다. 따라서 이 장에서는 사경, 오경 그리고 육경이 무엇인지 살펴보고, 폰 라드의 '육경의 신학'의 의미를 비판적으로 고찰하려 한다.

---

92) Gerhard von Rad, "The Form-Critical Problem of the Haxateuch", *The Problem of the Hexateuch and Other Essays*. tr. by E. W. Truemann dicken, New York: McGraw-Hillbook Company, 1966, 1-78쪽.

사경(四經), 오경(五經), 육경(六經)

① 오경(육경) 전승의 역사

구약성서는 신약성서와 달리 저술문학이 아닌 전승문학에 속한다. 즉 한 저자가 자신의 구상과 의도에 따라 일관성 있게 주제를 전개시킨 저술문학이 아니라, 오랜 기간에 걸쳐 이어져 내려온 각종 전승을 기록한 여러 저자의 문헌을 편집한 전승문학이며, 모세오경은 이러한 전승문학의 특징을 잘 보여준다.

오랫동안 교회는 모세오경을 모세의 저술로 인정해 왔다. 그러나 18세기 이후 성서를 좀더 엄밀하게 연구하게 되면서 모세가 썼다는 주장은 차츰 허물어져 갔다. 그런 과정에서 모세오경이 네 가지 기초문헌93)으로 짜여졌다는 주장이 현대 구약학의 아버지로 일컬어지는 독일의 벨하우젠(1844~1918)에게서 나왔다. 그는 모세오경을 분석하면서 각 구절의 특성, 사용 어휘, 뚜렷한 경향성, 역사와 지리에 대한 이해, 종교적 관점과 전제 등을 고려하여 '야위스트 문헌(J)', '엘로히스트 문헌(E)', '「신명기」계 문헌(D)', '제사장계 문헌(P)'으로 나누

---

93) 오늘날 구약학에서는 고정된 형태의 자료에 해당하는 '문서' 혹은 '문헌'이라는 의미의 'document'라는 용어를 쓰지 않고 오랜 기간의 변천 과정을 거쳐 전해진 자료라는 점에서 '전승(傳承)'이라는 의미의 'tradition'이라는 용어를 사용한다.

어 설명하였다.

그 뒤를 이은 궁켈(H. Gunkel, 1862~1932)은 벨하우젠의 연구결과가 탁월하기는 하나 지나치게 분석적이며 부분적인 데다가 기록문헌 중심으로 이뤄진 점을 비판하면서, 기록 이전의 구전(口傳) 전승을 중시하고, 그 전승이 생겨난 '삶의 자리(Sitz im Leben)'를 찾음으로써 벨하우젠의 문헌가설을 보완하였다.

이러한 앞선 학자들의 연구를 바탕으로 올브라이트(W. F. Albright), 폰 라드, 노트 등 많은 후진들에 의해 역사비평방법이 확대되어 나갔다. 오늘날 성서학자들은 세부적인 부분에 있어서는 서로의 의견차를 보이지만, 오경이 네 가지의 기초전승으로 구성되었다는 점에서는 대부분 의견의 일치를 보이고 있다. 그러면 오경의 네 가지 기초전승은 과연 무엇인지 살펴보도록 하자.

주전 13세기 초 애굽을 탈출한 이스라엘 백성은 시내 광야를 거쳐 가나안 땅에 들어갔다. 그 후 주전 11세기 다윗 왕정이 수립될 때까지 이스라엘이 체험한 출애굽 사건, 광야 사건, 가나안 정착 사건들이 구전 전승으로 내려왔다. 그러다가 다윗-솔로몬 통일왕정 때인 주전 950년경 남왕국 유다를 중심으로 야웨를 신명(神名)으로 쓰는 야위스트(Yahwist, 첫 글자 Y는 독일어로 J가 되어 J기자라 함)들에 의해 'J 전승'이 쓰여졌다.

솔로몬 사후 주전 922년에 이스라엘은 남왕국 유다와 북왕국 이스라엘로 나누어졌는데, 850년경 북왕국 이스라엘을 중심으로 엘로힘을 신명으로 쓰는 엘로히스트(Elohist, E기자)들에 의해 'E 전승'이 쓰여졌다. 그러다가 북왕국 이스라엘이 주전 722년 앗시리아에 의해 멸망하자 북왕국 사람들이 자신들의 전승을 가지고 남왕국으로 내려오면서 주전 700년경 'J 전승'과 'E 전승'이 합쳐지게 되었다. 이를 'JE 전승'(Jehovist 전승 혹은 '고대 서사시 전승'이라고도 함)이라고 한다.

한편, 남왕국 유다 전승에 속하는 제사장 전승(P 전승)은 독립적으로 이어지다 바벨론 포로기 이후 JE 전승과 합쳐 'JEP 전승'이 형성되었으며, 이것이 바로 「신명기」를 뺀 사경(「창세기」-「민수기」)을 형성하게 되었다.

이와 별도로 본래 북왕국 이스라엘 전승에 속하는 「신명기」계 전승(D 전승)도 독립적으로 내려오다 바벨론 포로기 이후 JEP 전승(사경)과 합쳐지면서 'JEPD 전승'이 형성되었다. 사경에다 「신명기」가 더해져 오경(「창세기」-「신명기」)이 형성된 것이다.[94]

---

94) B. W. Anderson. 강성렬·노항규 옮김, 『구약성서이해 *Understanding the Old Testament*』, 4th., 서울: 크리스챤 다이제스트, 1994, 536쪽. 이 네 전승은 뚜렷한 신학적 특징을 가지고 있는데, 이에 대해서는, 박광호, 『모세오경의 가르침』, 서울: 생활성서사, 1992, 26-34

② 폰 라드의 육경설과 노트의 사경설

필자는 학부에서 철학을 공부한 뒤 대학원 신학과에서 구약을 전공하게 되었다. 구약공부를 시작하면서 이전에는 들어보지도 못했던 '육경'이라는 말을 처음 들었으며, 이 낯선 용어를 상당히 의아하게 생각했었다. 이러한 생각은 비단 필자만이 아니라 현재 감신대 구약학 교수로 재직 중인 왕대일 교수도 마찬가지였다고 한다.

왕 교수는 학부 4학년 때 「폰 라드의 전승사 신학연구」라는 졸업논문을 쓰게 되었는데, 논문을 위해 폰 라드의 『구약신학』(제1권)을 읽던 중 그 책 속에 '육경의 신학(Theology of the Hexateuch)'[95]이라는 장(章)을 보고 상당히 의아하게 여겼다는 것이다. "육경의 신학이라니? 왜 오경의 신학이 아니고 육경의 신학일까? 왜 오경이라고 부르지 않고 육경이라고 부르고 있을까? 도대체 무엇 때문에 폰 라드는 우리의 귀에 익숙한 오경이라는 용어를 사용하지 않고 굳이 생소한 육경이라는 용어를 사용하고 있을까? 그리고 「창세기」, 「출애굽기」, 「레위기」, 「민수기」, 「신명기」, 「여호수아」를 굳이 하나의 '단위'로 묶는 이유는 무엇일까? 왕 교수는 그때 참으로 궁금한 마음을 가지고 폰 라드의 『구약신학』이라는 책을 세밀히 이

쪽 참조
[95] G. von Rad, *OTT I*, 129-305쪽.

해하려고 애쓰고 있었다"96)고 술회하고 있다.

폰 라드는 이스라엘 민족이 예배드릴 때마다 낭송했던 자실들의 신앙고백을 '짧은 역사신조'라 부르며 「신명기」 26장 5-9절이 이에 해당한다고 말하고 있다. 이 구절을 곰곰이 살펴보면 첫째, 족장들의 세상살이, 둘째, 출애굽 사건, 셋째, 가나안 땅 정착의 드라마가 간략하고도 아주 명확하게 요약되어 있다. 그리고 이 세 항목을 하나로 엮는 얼개가 바로 '땅'이다. 즉 역사신조의 주제는 결국 '땅 이야기'라는 것이다. 이스라엘 민족 이야기의 서두인 아브라함 이야기는 가나안 땅과 그 땅에 거할 위대한 민족의 형성이라는 약속으로부터 출발한다(창 12:1-3).97)

'땅에 대한 약속'의 주제는 이스라엘 민족의 서사시를 이해하는 중요한 열쇠가 된다.98) 하나님의 구속 역사는 '땅에 대한 약속'을 근간으로 이루어진다. 땅에 대한 약속과 그 약속의 성취라는 도식이 바로 그것이다. '약속과 성취'라는 구조로 구약성서를 읽는다면, 구약성서는 '땅 없는 자들이 땅을

---

96) 왕대일, 『신앙공동체를 위한 구약성서이해』, 서울: 성서연구사, 1993, 49-50쪽.
97) 같은 책, 50-51쪽.
98) W. Brueggemann, *The Land: Place as Gift, Promised and Challenge in Biblical Faith*, Philadelpia: Fortress Press, 1982: 강성열 옮김, 『성서로 본 땅』, 서울: 나눔사, 1992, 21-58, 85-120쪽; 왕대일, 「땅에 대한 구약성서적 이해」, 『기독교 사상』, 제312호 (1984. 6), 19-31쪽.

차지하는 이야기'와 '땅을 차지한 자들이 다시 땅을 잃어가는 이야기'로 읽을 수 있게 된다. 전자가 「창세기」에서 「여호수아」까지라면, 후자는 「여호수아」에서 「열왕기하」까지이다. 이처럼 땅에 대한 약속과 그 약속의 성취는 이스라엘 신앙의 핵심이다. 구약성서 학자들의 말을 빌리자면 약속의 성취라는 구속사의 감격과 심판의 도구로서의 땅! 바로 땅을 중심으로 한 약속과 성취의 구조에서 구약성서를 읽을 때, 「창세기」에서 「여호수아」까지 하나의 단위로 묶여질 수 있다. 그리고 바로 여기에서 '육경'이 탄생하게 된다.[99] 폰 라드의 육경설은 바로 이러한 근거에서 주장된 것이다.

폰 라드가 땅에 대한 약속과 성취라는 관점에서 '육경설'을 주장했다면, 폰 라드와 동시대에 살았던 또 하나의 구약학자인 마르틴 노트는 전승사적 관점에서 '사경설'을 주장하였다. 노트에 의하면 오경의 마지막 책인 「신명기」는 그 뒤에 등장하는 일련의 책들, 즉 전기예언서에 해당하는 「여호수아」, 「사사기」, 「사무엘상」, 「사무엘하」, 「열왕기상」, 「열왕기하」라는 6권의 책을 이끄는 서론의 역할을 한다는 것이다. 노트는 「신

---

[99] 왕대일, 『신앙공동체를 위한 구약성서이해』, 52쪽; cf. 왕대일, "정경과 토라: 오경에 대한 정경비평적 고찰", 『신학과 세계』 23호 (1991. 가을), 48-51쪽.

명기」 뒤에 따라오는 일련의 6권의 책들을 「신명기」에 나타난 신학적 관점에 따라 서술된 역사서라는 뜻에서 '신명기 역사서'라고 불렀고, 이 역사서를 편집한 사람들을 '신명기 사가(Deuteronomist)'라 불렀다.100)

이런 의미에서 노트의 '신명기 사가'의 논의는 「창세기」에서 「민수기」를 하나의 통일체로, 그리고 「신명기」에서 「열왕기하」까지를 또 하나의 단위로 나누는 '사경설'의 가능성을 조심스럽게 점칠 수 있는 것이다. 즉 「창세기」에서 「민수기」까지의 네 권이 「신명기」와 구분될 수 있다는 것이다.101) 이때 「신명기」는 뒤에 나오는 일련의 역사서들의 서론 구실을 한다. 이런 점에서 「창세기」에서 「민수기」까지를 하나로 묶는 '사경'이라는 단위가 나오게 된다.102)

---

100) M. Noth, *The Deuteronomistic History*, JSOTS 15. Sheffield Press, 1981, 1-11쪽. 이 영역본은 노트의 *Überlieferungsgeschichtliche Studien*(Halle, 1943)을 영국학자들이 두 차례에 걸쳐 번역·수정한 것이다.
101) 노트는 다섯 개의 커다란 주제를 배경으로 사경이 형성되었다고 주장한다. ① 출애굽, ② 약속된 땅에로의 인도, ③ 족장에게 주어진 약속, ④ 족장에게 주어진 인도, ⑤ 시내산에서의 계시(M. Noth, *A History of Pentateuchal Traditions*, tr. by B. W. Anderson, New Jersey: Prentice-Hall, 1972, 46-62쪽 참조).
102) 노트의 이러한 주장과 비판에 대해서는, 김지찬, 『요단강에서 바벨론 물가까지: 구약 역사서의 문예적-신학적 서론』, 서울: 생명의 말씀사, 1999, 30-34쪽 참조.

③ 왜 오경인가?

유대인 집단에서는 오경을 히브리어로 '토라'[103]라고 부르는데, 이 용어는 자주 '율법서(Law)'로 번역된다. 주전 130년경 벤 시라의 손자가 외경(外經)의 「집회서 Ecclesiasticus」 서문에서 구약성서를 '율법서(토라)와 예언자들(네비임), 그 외의 서책들(케투빔)'로 구분하였다. 즉 '율법서', '예언서', '성문서'로 나눈 것이다. 그런데 신약성서에서는 구약성서를 '율법'과 '선지자'로 언급하고 있다(마 5:17; 눅 24:44; 요 1:45). 이러한 분석은 토라가 율법자료들을 많이 포함하고 있다는 의미에서 적절하다. 그러나 이는 너무나 제한적이어서 히브리어의 의미를 충분히 나타내 주지 못한다. 히브리어 '토라'의 보다 넓은 의미는 이미 언급했듯이 하나님께서 자기 백성(이스라엘)에게 주신 '가르침(teaching)'을 말한다.

오경의 내용을 보면, 절반 가량은 '율법'으로, 그 나머지는 '설화(narrative)'로 되어 있는데, 설화에 해당하는 부분이 오경 전체에 신학적인 의미를 부여해 주고 있다. 설화는 우주의 창조로부터 이스라엘이 '약속된 땅(The Promised Land)'에 들

---

[103] '토라'라는 말은 히브리어 문법상 여성 단수형 명사이며, 그 의미는 「창세기」부터 「신명기」까지의 다섯 권의 책을 하나의 책으로 통칭해서 부르는 명칭이다. 즉 토라(오경)는 다섯 권의 책이 아니라 다섯 부분으로 이루어진 한 권의 책이다(왕대일, 『다시 듣는 토라: 설교를 위한 신명기 연구』, 501쪽 참조).

어가기 직전까지의 시간을 포함한다. 전체 기사는 여섯 개의 주요 운동(movements)으로 되어 있다.

① 원역사 이야기(창 1-11장).
② 족장사(이스라엘의 조상들) 이야기(창 12-50장).
③ 출애굽(애굽으로부터의 탈출) 이야기(출 1-18장).
④ 시내산 체류 이야기(출 19장에서 「레위기」를 거쳐 「민수기」 10장 10절까지).
⑤ 광야에서의 방황 이야기(「민수기」의 나머지 부분).
⑥ 가나안 땅으로 들어가는 이야기.

그런데 마지막 여섯 번째 이야기는 「신명기」에 예기되어 있을 뿐이다. 「신명기」의 끝에 있는 모세의 죽음과 더불어 그 이야기는 끊기고, 그 이후의 이야기들은 「여호수아」와 히브리 성서의 후속 책들에서 계속된다.[104]

「여호수아」에서는 모세의 죽음 이후에 일어난 사건들을 이야기하고 있다. 모세의 죽음이 「여호수아」에 분명히 암시되어 있으며, 족장들에게 하신 약속이 모세의 인도를 통해 가나안

---

104) B. W. Anderson, "The Pentateuch", *The New Oxford Annotated Bible*(NRSV), New York: Oxford University Press, 1991, (OT) xxxi쪽.

정복에서 성취됨을 확인할 수 있는 것이다. 따라서 문제는 폰 라드가 이미 언급한 것처럼 오경이 아니라 「여호수아」까지 포함시켜 '육경(六經, Haxateuch)'으로 분류해야 하지 않느냐는 것이다. 또한 마르틴 노트의 주장처럼 오경에서 「신명기」를 따로 분리시켜 「신명기」를 가나안 정착에서 시작하여 유배시대에 이르는 대역사서의 서문으로 삼기도 한다. 이렇게 되면 오경이 아니라 「창세기」에서 「민수기」까지의 '사경(四經, Tetrateuch)'으로 분류하는 셈이 된다.[105]

지금까지 살펴본 대로 폰 라드의 육경설과 노트의 사경설은 단순한 추측이 아니라 나름대로의 근거가 있다. 그렇다면 현재 우리가 읽고 있는 구약성서에는 왜 육경이나 사경이 아닌 오경을 하나의 묶음으로 보도록 편집되어 있는 것일까? 히브리 성서를 편집한 유대인 학자들은 왜 저들의 '토라'를 육경이나 사경이 아닌 오경의 형태로 고정시켜 놓았을까? 왜 「신명기」가 토라를 마감하는 책의 역할을 감당하는가? 한마디로 왜 오경인가?

우선 토라의 범주를 사경이 아닌 오경으로 삼은 이유부터 살펴보자. 사경이 아닌 오경인 이유는 「신명기」라는 책의 성격 때

---

105) H. Cazelles. 서인석 옮김, 『모세의 비판적 율법: 오경의 비판적 입문 *La Torah ou Pentateuque*』, 서울: 성바오로출판사, 1980, 16쪽.

문이다. 「신명기」라는 책의 이름은 '듀테로노미온(Deuteronomion, 제2의 율법)'이라는 헬라어에서 유래한다. '듀테로노미온'은 「신명기」 17장 18절("그가 왕위에 오르거든 이 율법서의 등사본을 ……")에 대한 70인 역 헬라어 구약성서의 번역에서 유래한다. 그런데 사실 「신명기」 17장 18절에 대한 헬라어 번역이 정확하지 않다(여기에서는 '제2의 율법'이 아니라 '율법의 필사본'을 말함).

하지만 「신명기」란 이름이 '제2의 율법'을 뜻한다는 것은 시사하는 바가 많다. 「신명기」가 「여호수아」에서 「열왕기하」에 이르는 '신명기 역사서'의 서론 역할만 하는 것은 아니다. 「신명기」는 「창세기」에서 「민수기」에 이르는 사경의 결론 구실도 한다. '제2의 율법'이란 뜻의 「신명기」는 '시내산에서 수여받은 하나님의 가르침'(출 19:1-민 10:10)을 '제1의 율법'으로 한다는 전제를 가지고 있다. 즉 시내산 율법이 '제1의 율법'이고, 「신명기」는 '제2의 율법'이라는 것이다. 이 점에서 '제2의 율법'인 「신명기」는 '제1의 율법'인 시내산 율법과 떼어놓고 생각할 수 없다. 사경이 아닌 오경이 되어야 하는 이유가 바로 여기에 있는 것이다.

다음으로 토라의 범주를 육경이 아닌 오경으로 삼은 이유를 살펴보자. 오경의 형태가 지금과 같아진 것은 에스라 시대부터라고 여겨진다.[106] 에스라 시대란 역사적으로 말하면 이스라엘 민족의 포로 후기 시대로서 주전 5세기 중엽에 해당된다. 토라란 명칭이 단순한 가르침이 아닌, '책'의 의미로 사용하기 시작한 때도 대략 이때쯤으로 추정된다. 예루살렘 수문 앞 광장에서 에스라가 모세의 토라를 낭독하게 된 사건(느 8장)도 토라를 하나의 '권위 있는 책[正經]'[107])으로 받아들여진 것과 무관하지 않다. 그런데 왜 당시 토라의 범위를 「창세기」에서 「신명기」까지로 결정하게 되었는지에 대해서는 구약학자들 사이에서도 이해가 각기 다르다.[108]

아무튼 오경의 형성에 대한 정치·사회적 해석이든, 역사적 해석이든, 아니면 실존적 해석이든 그것들은 모두 에스라의 성서읽기에서 토라가 오경의 모습이었음에 주목한다. 그리고 오경읽기란 포로 후기 시대의 이스라엘 민족이 당면했던 물음과 도전에 대한 응답의 성격을 지니고 있다고 생각된다. 토라를 정경으로 대함으로써 옛 이스라엘은 사라지고 새 공동체(유대

---

106) G. Fohrer. 방석종 옮김, 『구약성서개론(상) Einleitung in des Alte Testament』, 서울: 성광문화사, 1985, 303-306쪽.
107) '신앙공동체의 삶에 있어 표준이 되는 법칙'이라는 뜻으로, 더 이상 가감할 수 없도록 고정된 현재의 성경을 말한다. 가톨릭의 정경은 개신교의 외경(外經, Apocrypha)을 정경에 포함시킨다는 점에서 개신교의 정경과 다르다.
108) 이에 대한 자세한 논의는, Jean-Louis SKA. 박요한 영식 옮김, 『모세오경 입문: 오경해석을 위한 가르침 Introduction à la lecture du Pentateuque』, 성바오로 출판사, 2001, 389-414쪽 참조.

교)가 탄생하는 생존(生存)의 드라마로 엮어진 것이다.

오경과 '신명기 사가'의 역사서의 구분, 곧 「창세기」에서 「신명기」까지와 「여호수아」에서 「열왕기하」까지의 구분은 어떠한 의미를 주는지 확인할 필요성이 있다. 「창세기」에서 「신명기」까지는 하나님의 지배를 받는 '신정공동체(theocratic community)'로서의 이스라엘을 그린 반면에, 「여호수아」에서 「열왕기하」까지는 왕이 다스리고 왕의 통치를 받는 '왕정공동체(monarchic community)'로 묘사된다. 둘 사이에 분명한 단절이 있는 것이다. 두 번째(새) 출애굽을 감행했지만, 즉 바벨론에서의 포로생활을 청산하고 고향에 돌아와 '뿌리내리기'를 시도했지만, 그럼에도 유대인들은 국가를 형성하지 못한 채 여전히 소수민족공동체의 처지를 벗어나지 못하고 있었다. 소위 포로 후기라고 일컬어지는 상황에서 유대인들은 「창세기」에서 「신명기」까지의 가르침을 '생존을 위한 지침서'로 받아들였다. 그것은 유대인들이 국가를 형성하지는 못했지만 하나님의 지배를 따르는 공동체로 살아가야겠다는 다짐의 발로였으리라.[109]

---

[109] 왕대일, 『신앙공동체를 위한 구약성서이해』, 57-62쪽; 생존(survival)의 주제와 관련된 복음서 해석에 대해서는, 최동환, 「生存의 修辭學을 통해서 본 마가복음서의 聖殿 모티프 硏究」, 천안: 호서대학교, 박사학위논문(2003.12) 참조.

육경의 신학

① '역사신조(The Historical Creed)'110)

폰 라드는 「육경의 양식비평적 문제」라는 육경의 전승에 관한 논문을 통해 '야웨의 이스라엘 구원사'를 기록하고 있는 '역사신조'라는 양식을 발견하고 이를 자신의 이론적 출발점으로 제시하였다. 그는 '역사신조'를 하나님의 구원사역의 요약으로 보았다.111) 이러한 역사신조를 구약성서에서 처음으로 발견한 사람은 지르쿠(Jirku)이다.

지르쿠는 1917년 구약성서에 등장하는 신앙과 역사에 관한 특별한 요약을 발견하였으며, 그는 이것을 '교훈적 설명(didactic expositions)'이라 불렀다. 이 '교훈적 설명'은 그 길이나 순서, 관점 등의 변화가 있을지라도 항상 아브라함의 부름에서 가나안 정착까지의 내용을 다루고 있으며, 상투적인 문형으로 기록되어 있었다. 그에 의하면 이러한 형식은 다윗 이전 시대에 생겨나 제의적 모임에서 사용되었으며, 사경(「창세기」-「민수기」) 형성의 기초가 되었다는 것이다.112)

---

110) '역사신조'란 이스라엘 민족이 예배드릴 때마다 대대로 낭송하며 고백하던 본문(가령, 신 26:5-9)으로, 야웨 하나님의 이스라엘에 향한 구원사를 그 내용으로 하고 있다.
111) G. von Rad, "The Form-Critical Problem of the Haxateuch", 2쪽.
112) J. I. Durham, "Ancient Israelite Credo", *IDBS*, Nashville: Abindon

이집트 나일강변의 고대도시 베니 하산(Beni Hasan, 바니하산이라고도 부름)에서 발견된 벽화. 주전 1800년대의 벽화에는 당시 노예들이 감독관 밑에서 일하는 모습이 생생하게 그려져 있다.

상 - 왼편의 못에서 물을 긷고, 흙을 날라 진흙 벽돌을 만들고, 벽돌을 운반해서 측량하면서 건축하는 모습이 잘 그려져 있다.
하 - 중앙에 막대기를 손에 잡고 있는 두 사람이 공사 감독관이다. 베니 하산의 벽화는 「출애굽기」 1장에 기록된 이스라엘 사람들의 노예생활을 그대로 그려주고 있다.

이러한 지르쿠의 연구는 폰 라드의 역사신조에 관한 연구의 기초가 되었다. 폰 라드는 「육경의 양식비평적 문제」에서 육경의 요약이라 할 수 있는 '역사신조'라는 양식을 발견하였는데, 그가 주장하는 육경의 기본 주제는 다음과 같다. 첫째, 세상을 창조하신 하나님께서 이스라엘의 조상을 부르심, 둘째, 조상들에게 주실 땅을 약속하심, 셋째, 모세를 통하여 애굽에서 해방시키심, 넷째, 오랜 기간 광야의 방랑을 마친 뒤 약속의 땅에 들어감이다. 이러한 내용은 곧 야웨 하나님의 이스라엘을 향한 구원사이며, 이스라엘의 야웨에 대한 신앙을

Press, 1976, 197쪽.

표현한 것이다.

이와 같은 구원사를 담고 있는 성서구절들은 여러 곳에서 발견되는데(신 26:5b-9; 6:20-24; 수 24:2b-13 등), 이들 가운데 가장 오래된 것은 「신명기」 26장 5b-9절이다.

> 내 조상은 방랑하는 아람 사람으로서 애굽에 내려가 거기에서 소수로 거류하였더니 거기에서 크고 강하고 번성한 민족이 되었는데, 애굽 사람이 우리를 학대하며 우리를 괴롭히며 우리에게 중노동을 시키므로, 우리가 우리 조상의 하나님 여호와께 부르짖었더니 여호와께서 우리 음성을 들으시고 우리의 고통과 신고와 압제를 보시고, 여호와께서 강한 손과 편 팔과 큰 위엄과 이적과 기사로 우리를 애굽에서 인도하여 내시고, 이곳으로 인도하사 이 땅 곧 젖과 꿀이 흐르는 땅을 주셨나이다.

내용상 이 기도는 하나님의 구원사역에 대한 중요한 사실들이 아주 짧은 반복으로 이루어져 있다. 그 사실들은 족장시대에 이스라엘의 보잘것없는 시작, 애굽에서의 억압, 야웨에 대한 구원과 그들에 대한 약속된 땅으로의 인도하심 등을 말한다.[113]

우리는 이 기도가 제의적인 틀 속에서 거룩한 역사에 대한

---

113) G. von Rad, 앞의 글, 2-4쪽.

하나의 신앙고백임을 알 수 있다. 여기서 주목해야 할 것은 일종의 신앙고백(credo)이라는 것이다. 이 신앙고백은 개인적인 감사기도가 아니라 공동체를 구성하는 크고 거룩한 사실들의 반복이라는 데에 그 특징이 있다. 즉 모든 개인적인 관심사를 삼가고 자신을 완전히 공동체와 동일시한 채로 신앙고백을 하고 있는 것이다.[114]

역사신조로서의 거룩한 역사에 대한 유사한 요약은 「신명기」 6장 20-24절과 「여호수아」 24장 2b-13절에서도 찾아볼 수 있다. 그런데 여기서 주목해야 할 것은 하나님의 구원사역을 말해 주고 있는 이 같은 짧은 역사신조를 다루는 세 본문 모두 구원사의 도식을 보여주고 있으면서도 시내산 사건에 대해서는 전혀 언급이 없다는 점이다.[115]

한편, 구원사의 도식이 자유롭게 변형된 형태도 구약성서의 여러 곳에서 찾아볼 수 있다(삼상 12:8; 시 136편; 출 15장; 시 105편; 시 78편). 그런데 이 같은 본문에서도 시내산 사건에 대한 기록은 찾아볼 수 없다. 유일하게 「느헤미야」 9장 13절 이하에서 구원사와 시내산 사건이 함께 등장하는 것을 볼 수 있을 뿐이다.

---

114) G. von Rad, *Genesis*, tr. by John H. Marks, London: SCM Press, 1961, 14쪽.
115) G. von Rad, 앞의 글, 8쪽.

시내산 모습. 시내산은 해발 2285m의 돌산이다. 시내산은 시내반도의 남부 지역에 위치해 있으며, 이 지역은 과거의 화산활동의 결과 해발 1천 미터 이상의 돌산들이 끝없이 펼쳐져 있다.

> 또 시내산에 강림하시고 하늘에서부터 그들과 말씀하사 정직한 규례와 진정한 율법과 선한 율례와 계명을 그들에게 주시고, 거룩한 안식일을 그들에게 알리시며 주의 종 모세를 통하여 계명과 율례와 율법을 그들에게 명령하시고(느 9:13-14).

여기서는 시내산 전승(Sinai Tradition)[116]이 구속 이야기와 유기적으로 결합되어 있음을 볼 수 있다. 이곳에서는 창조, 족장사, 애굽생활, 출애굽, 시내산, 광야 방랑, 가나안 정착, 사사기와 왕국시대, 포로기 이후까지의 시대를 포함하고 있다. 또한 「시편」 106편(포로기 혹은 포로기 이후시대)에서도

---

[116] 시나이에서 있었던 이스라엘의 경험 전승으로 출 19장-레-민 10:10이 이에 해당한다.

금송아지를 만든 시내산 사건을 간단히 언급하고 있다.

이상의 연구를 통해 폰 라드는 다음과 같은 결론을 내렸다. 구원사의 기사 속에서조차 시내산 사건에 대한 언급은 생략되어 있다는 것이며, 그것이 후대에 구원사 기사와 결합되었다는 것이다.117)

② 시내산 전승과 정착 전승의 결합

각각 독립된 전승이었던 시내산 전승과 정착 전승(Settlement Tradition)118)은 누구에 의해 어떻게 결합되었는가? 폰 라드에 의하면 그것은 J기자에 의해 이루어졌으며, 육경 전체의 틀은 정착 전승에 기초하고 있다고 주장한다. 그리고 이 정착 전승은 출애굽 전승(Exodus Tradition)과 결합하여 출애굽-정착 전승을 형성하였고, 구원사(출애굽-정착 전승) 속에 3가지 주요 전승, 즉 '시내산 전승의 병합(The Incorporation of the Sinai Tradition)', '족장 전승의 확대(The Extension of the Patriarchal Tradition)', 구원사의 서론으로서 '원역사의 첨가(The Inclusion of Primeval History)'를 통해 육경이 형성되었다는 것이다.119) 이제부터

---

117) G. von Rad, 앞의 글, 13쪽.
118) 가나안 정착과 관련된 전승으로 역사신조를 담고 있는 신 26:5b-9; 6:20-24; 수 24:2b-13이 이에 해당한다.
119) G. von Rad, 앞의 글, 50-53쪽.

그 과정을 살펴보자.

첫째, 시내산 전승의 병합(Einbau)이다. 폰 라드는 J기자에 의해 시내산 전승이 정착 전승 속에 병합되었다고 주장한다. 구약성서 가운데 시내산 전승이 구원사 속에 등장하는 경우는 오직 포로기 작품인 「시편」 106편과 「느헤미야」 9장의 기도문뿐이다. 두 전승의 병합은 비교적 후대에 이루어졌으며, J기자에 의해 정착 전승 속에 시내산 전승을 용해시키게 된다.

그러나 이 두 전승의 결속은 오랫동안 인식되지 못했으며, 포로기에 와서야 사람들의 주목을 끌게 되었다. 시내산 전승이 정착 전승 속에 병합되면서 연속성에 부조화와 균열이 생겨났는데, 이는 가데스(Kadesh) 전승(출 17-18장; 민 10-14장) 사이에 시내산 전승(출 19장-민 10:10)이 끼어들어감으로써 두 부분으로 나누어졌기 때문이다.

폰 라드는 시내산 전승의 병합으로 정착 전승이 오히려 신학적으로 풍부해졌다고 주장한다. 정착 전승은 야웨의 관대함을 증거하고, 시내산 전승은 야웨의 의에 대한 요구를 나타낸다. 시내산 전승의 병합으로 정착 전승의 단순한 구원 개념은 강력하고 유익한 새로운 지지를 얻은 셈이다. 따라서 J기자가 우리에게 말하는 모든 것은 이제 시내산에서의 하나님의 자기계시에 의해 채색된다. 폰 라드는 이 두 전승의 병합이 성서의 전체 메시지의 근본적인 두 전제가 되는 율법(Law)과 복

음(Gospel)에 관한 정의를 제시한다고 주장한다.[120]

둘째, 족장 전승의 확대(Ausbau)이다. 족장 전승의 확대의 문제는 1차적으로 고대 정착 전승에 족장 전승이 포함되어 있었느냐라는 문제를 의미한다. 정착 전승을 나타내는 구절들(시 78편, 136편)을 면밀히 연구해 보면 시내산 전승보다는 족장 전승에 더 밀접히 관계되어 있음을 발견할 수 있다고 폰 라드는 말한다.

"내 조상은 방랑하는 아람 사람"으로 시작되는 「신명기」 26장 5b-9절은 모든 것이 너무나도 잘 짜여져 있어 개별적인 전승들이 결합된 것이라는 어떠한 불일치의 흔적도 찾아볼 수 없다. 이 같은 조화를 이룬 신조의 형태를 통해 족장 전승은 역사신조의 필수요소임을 추정할 수 있다.

그리고 아주 일찍부터 정착 전승은 족장 전승을 출발점으로 삼았고 「신명기」 26장과 「사무엘상」 12장 8절에서 명백히 볼 수 있듯이 야곱에 관한 언급으로부터 시작한다. 그러므로 J기자에게 있어 족장 전승은 기존 전승의 일부분이며 정착 전승의 기본적 요소라고 폰 라드는 주장하였다.

이에 비해 알트(A. Alt)는 족장들이란 지파들이 정착하기 이전 시대의 계시의 수령자이자 제의의 창설자라고 주장한다.

---

120) 같은 글, 53-54쪽.

그리고 정착 후 이들 족장들은 가나안 성소와 결합하였다. 그렇게 되면 이삭은 브엘세바, 아브라함은 마므레, 야곱은 요셉 지파의 영토에 속한 많은 성소와 관련을 맺게 되며, 야웨신앙에 의해 결합된 거룩한 전승들은 비교적 후기시대에 암픽티오니(amphictyony, 고대 그리스의 인보[隣保] 동맹) 중앙 성소에서 생긴 것이라고 한다.

따라서 야웨신앙에 많이 포함되어 있는 고대 무용담(saga)들은 J기자에 의한 창작물이 아니라는 것이다. 이들은 서로 관계없이 독립적인 것이었는데 여러 부족들이 큰 성소를 중심으로 순례를 하면서 족장 전승이 서로 닮게 되고, 서로 접근하게 되었다고 알트는 주장한다. 따라서 서로 다른 전승들이 현재의 아브라함, 이삭, 야곱의 순서로 배열된 것은 J기자의 계획에 의한 것이 아니라, 옛 전승(고대 암픽티오니 전승)에 의존했을 뿐이라는 것이다.[121]

폰 라드에 의하면 J기자는 이미 잘 조화된 아브라함-롯 이야기를 채택하였고, 「창세기」 15장의 언약 기사를 아브라함 기사 속에 첨가시켰다고 한다. 그리고 야곱-에서 이야기, 야곱-라반 이야기는 J기자 이전에 이미 조화를 이루고 있었던 것으로 보고 있다. 이미 완성된 완전한 작품이었던 요셉 이야

---

121) A. Alt, *Sellinfestschrift*, 56-61쪽(G. von Rad, 같은 글, 57-58쪽에서 재인용).

기는 J기자에 의해 그의 작품 속에 병합시켰는데, 이는 J기자가 하나의 신학적 노선 가운데 자신의 이론을 구성하지 않은 실례라고 폰 라드는 주장하였다. 그 까닭은 아브라함, 이삭, 야곱 이야기는 장소와 제의에 관계된 무용담으로 구성되어 있으며, 이스라엘 조상에게 땅과 후손을 준다는 약속에 따라 기록된 반면, 요셉 이야기는 단편 소설(novel)의 형태를 띠고 있으며 어떤 지역과도 관계되어 있지 않기 때문이다.

이상에서 살펴 본 대로 J기자는 족장 전승을 수집하여 이를 고대 정착 전승에 결합시켰다. 족장사에 대한 J기자의 공헌을 열거한다면 다음과 같이 말할 수 있겠다.

① 이전의 신앙고백에 대한 광범위한 확대.
② 야웨의 인도하심이 개별적 또는 전체적인 의미에서 확실하다고 생각되는 자료들을 내적으로 질서정연하게 만듦.
③ 족장의 하나님과 토지 약속에 대한 전승을 무용담 자료와 결합시킴.
④ 약속과 성취의 관계에서 정착 전승의 서론이 된 족장 설화의 재정립.
⑤ 약속과 성취의 관점에서 족장 언약과 시내산 언약이 서로 상관이 있다는 것.

셋째, 원역사의 첨가(Vorbau)이다. 궁켈(H. Gunkel, 1862~1932)은 「창세기」 1-11장까지의 원역사가 다음의 아홉 부분으로 구성되어 있다고 본다. ① 낙원 이야기. ② 가인 설화. ③ 가인 족보 ④ 셋(Seth) 족보 ⑤ 천사들의 결혼. ⑥ 홍수 이야기. ⑦ 노아와 가나안. ⑧ 민족들의 계보. ⑨. 바벨탑 건설.

J기자는 원역사를 통해 세상의 모든 해악이 어떻게 죄로부터 오게 되었는가를 말하고자 하였다. 나아가 J기자는 하나님과 인간 사이의 간격을 점증하는 하나님의 은총으로 보여주고,[122] 인간의 타락, 가인 이야기, 홍수 이야기를 통해 하나님의 심판과 구원의 역사를 보여주고자 하였다. 이러한 관점에서 족장 이전의 원역사는 구원사의 열쇠가 될 수 있다고 폰 라드는 말한다. 그리고 원역사와 구원사를 결합시키는 데 있

---

[122] 원역사의 신학적 구조는 인간의 범죄-하나님의 징벌(심판)-하나님의 은총(사랑)이라는 점증적 구조를 띠고 있다. 즉 인간의 범죄에는 하나님의 징벌이 뒤따르나 하나님의 징벌은 끝이 아니라 새로운 출발로서의 하나님의 은총이 뒤따른다.
① 선악과를 따먹음(창 3:6)-낙원상실(창 3:23)-가죽옷을 지어 입힘(창 3:21),
② 가인이 아벨을 죽임(창 4:8)-가인이 방랑자가 됨(창 4:12)-보호하는 표(창 4:15),
③ 죄악의 팽배(창 6:8)-홍수 심판(창 7:6ff)-노아 가족의 구원(창 7:7,13)
④ 성읍과 탑을 건설하여 흩어짐을 면하자(창 11:4)-언어를 혼잡케 하여 흩으심(창 11:8)-이방인 아브람을 불러 구원의 새 역사를 시작하심(창 11:27-12:3).

어서 J기자는 자신의 전승 자료를 야웨가 이스라엘에게 허용한 구원을 위한 목적 속에 종속시켰다고 폰 라드는 주장한다.

「창세기」 12장 1-3절이 원역사의 결론이라고 한다면, 궁켈의 견해대로 「창세기」 12장 1절 이하는 기존의 무용담으로 취급할 것이 아니라 J기자의 자유로운 창작물이라고 보아야 하겠다. 이 단락에는 세 가지 약속이 포함되어 있다. ① 아브라함의 자손들은 큰 민족이 된다. ② 야웨가 아브라함의 후손에게 땅을 줄 것이다. ③ 아브라함으로 인해 땅의 모든 족속이 복을 받게 될 것이다.

여기서 J기자는 ①, ②를 족장 무용담 전승에서 발견했으며, ③은 가장 중요한 약속으로 고대 전승에 근거한 것이 아니라 예언자적 계시에서 나온 것으로 J기자 작품 이후에는 거의 나타나지 않는다고 폰 라드는 주장한다.[123] 아무튼 J기자에 의해 원역사가 구원사의 도식에 서론적으로 첨가되었다. 그리고 J기자는 이 원역사를 구원사를 이해하는 열쇠가 되게 하였다.

③ J기자의 공헌

J기자는 수많은 고대 전승들을 통합하여 육경을 형성하는 데 중요한 역할을 하였다. J기자가 이들을 통합하는 데 사용

---

123) G. von Rad, 같은 글, 53-67쪽.

한 방법은 이스라엘 종교사에 있어서는 획기적인 일로써 솔로몬 시대와 밀접한 관계를 맺고 있다. J기자는 제의에는 덜 관심을 갖고 오히려 정치적 사안들에 관심을 가지고 있었다. 그는 역사가 하나님에 의해 방향지워진다는 사실과 야웨의 섭리가 삶의 모든 영역에 있어 신앙의 눈을 가진 자에게 계시되고 있다는 사실을 증거하려 하였다.

그러기에 J기자의 작품은 두 가지 사실에 비추어 해석되어야 한다. 첫째는, 역사에 나타난 하나님의 숨겨진 행위에 대한 새로운 인식이고, 둘째는, 다윗과 그 이후 시대에까지 고대의 땅에 대한 요구의 적합성이다. 전자에 해당하는 하나님의 통치에 대해서는 이미 언급했으며, 후자에 해당하는 땅에 대한 요구에 대해서는 육경 전체를 요약하면서 정착 전승을 마무리 짓는 다음의 선포에서 찾을 수 있다.

> 여호와께서 이스라엘의 조상들에게 맹세하사 주리라 하신 온 땅을 이와 같이 이스라엘에게 다 주셨으므로 그들이 그것을 차지하여 거기에 거하였으니, 여호와께서 그들의 주위에 안식을 주셨으되 그 조상들에게 맹세하신 대로 하셨으므로 그들의 모든 원수들 그들과 맞선 자가 하나도 없었으니 이는 여호와께서 그들의 모든 원수들을 그들의 손에 넘겨 주셨음이니라. 여호와께서 이스라엘 족속에게 말씀하신 선한 말씀이 하나도 남음이 없이 다 응

하였더라(수 21:43-45).

폰 라드에 의하면 J기자가 땅의 약속과 성취를 중심으로 육경을 형성한 이유는 하나님이 족장들에게 하신 땅의 약속이 실제로 여호수아 시대가 아닌 다윗 시대에 이루어졌음을 나타내기 위함이며, 이는 곧 J기자가 전해오는 전승을 자신의 시대로 현재화시킨 결과라는 것이다. J기자는 정착 전승이라는 구원사의 도식 속에 서로 기원이 다른 시내산 전승과 족장 전승, 그리고 원역사를 구원사의 맨 앞에 첨가시켰다. 폰 라드는 이러한 J기자의 신학적 사고를 위대한 신학적 자유라고 말했다.

아무튼 폰 라드에 의하면 육경은 최종적으로 J기자에 의해 형성되었다고 본다. 그리고 세계의 창조로부터 하나의 목표인 약속된 땅의 정착에 이르기까지를 말하는 육경은 단지 이스라엘의 종교에만 관심을 갖는 것도, 하나님의 요구에 모든 인류가 충성해야 한다는 데에도 있지 않다. 육경의 목표는 하나님의 왕국을 지상에 건설하는 것, 그리고 그것을 모든 인간 실존의 토대 위에 놓으려는 데 있다.[124]

---

124) 같은 글. 68-78쪽.

'육경의 신학'에 대한 비판125) 및 결론

① '역사신조'라는 양식의 문제

폰 라드는 야웨의 이스라엘에 대한 구원사를 기록하고 있는 '역사신조'라는 양식(신 26:5b-9; 6:20-24; 수 24:2b-13)을 발견하고 이것을 자신의 이론적 출발점으로 제시하였다. 이에 대해 바이저(A. Weiser)는 「신명기」 26장 5b-9절은 이어지는 10절 이하와 연결되어 야웨의 구원사역을 말하고 있음을 밝힌다. 또한 역사적 서언에 속하는 「여호수아」 24장 2b-13절도 이어지는 14-26절과 언약체결이라는 형식에서는 분리할 수 없다고 주장한다. 또한 브렉켈만스(C. H. W. Brekelmans)는 「신명기」 6장 21-23절에 대한 연구를 통해 이 구절은 「신명기」 6:21-25에서 분리할 수 없다고 주장한다. 따라서 이것은 '역사신조'가 아니라 질문과 대답의 형식을 갖춘 교리문답이라는 것이다. 이들 학자들은 폰 라드가 주장한 '역사신조'는 '역사신조'가 아니라 교리문답이거나 언약형식 가운데 있는 역사적 서언 또는 단순한 역사적 회상에 지나지 않는다고 주장하고 있는 것이다.126)

---

125) 이 문제에 관한 보다 자세한 내용은 김영진 박사의 「Gerhard von Rad의 육경전승 연구에 관한 비판적 고찰」(서울: 연세대학교 대학원 석사학위논문, 1985), 52-101쪽을 참조.
126) 같은 글, 73-91쪽.

이에 비해 폰 라드가 말하는 '역사신조'라는 양식은 과거의 역사적 사건에 대한 고백적 선언, 즉 야웨의 이스라엘에 대한 구원사에 대한 기록을 말한다. 이 같은 양식은 분명히 있었을 것이고, 그것이 폰 라드가 제시한 역사신조(신 26:5b-9; 6:20-24; 수 24:2b-13)라는 것이다. 그리고 그것이 축제 때마다 고백되어졌다고 하는 것도 충분히 예상할 수 있다.

다만 여기서 문제가 되는 것은 폰 라드가 제시한 '역사신조'라는 일정한 양식과 폰 라드를 비판한 학자들의 견해(그 일정한 양식의 전후문맥은 분리될 수 없다는 견해)인데, 필자는 전후문맥을 고찰해 볼 때 구원사의 내용 및 신앙고백이라는 운율형식에 있어서 폰 라드의 주장이 더욱 설득력이 있다고 보여진다.

② '역사신조'의 고대성의 문제

양식비평적 연구를 통해 일부 학자들은 폰 라드가 제시한 역사신조는 2차적인 삽입에 불과하다고 주장한다. 특히 로스트(L. Rost)는 언어와 문체에 관한 연구를 통해 13가지의 실례[127]를 들어 「신명기」 26장 5b-9절의 고대성을 부정한다.

---

127) ① 5절의 '소수로'(few in number)라는 뜻을 가진 히브리어는 오직 「신명기」(28:62)에서만 사용된다. ② 5절의 '크고 강하고 번성한'이라는 형용사는 오직 「신명기」에서만 사용된다. ③ 6절의 ירע('괴롭히며')는 능동사역형(hifil)으로, 대격과 함

그러면서 그 연대를 구체적으로 요시야 종교개혁 시대(주전 621년경)의 것으로 본다.

카펠루드(A. S. Kapelrud)는 폰 라드가 제시한 '역사신조'를 전승사의 맨 마지막 단계로 보았는데, 그 까닭은 "대부분의

께 사용되는 경우는 여기와 삼상 25:34에서 뿐이다. ④ 6절의 '중노동'이라는 표현은 왕상 12:4를 제외하고는 P문서에만 등장한다. ⑤ 5절의 '거기에서 거류하였더니'라는 표현은 구약에 모두 15회 등장하는데, 8회가 신 18:6과 바룩에 의한 예레미야 전기 속에 등장한다. ⑥ 7절의 '우리 조상의 하나님'이라는 표현은 J와 E 전승 속에 4회 등장한다. 그런데 「신명기」의 서론적 연설(신 1-11장)과 결론적 연설에 자주 등장하며 포로기의 구절들, 특히 역대기 사가의 작품에 자주 등장한다. ⑦ 7절의 '고통과 신고'는 시 25:18에서만 등장하고 '고통과 압제'는 시 44:25에서만 등장한다. 그런데 본문에서는 '고통과 신고와 압제'가 함께 등장한다. ⑧ 8절의 애굽에서의 인도는 오경의 공통된 자료이나 「신명기」의 서론적 연설에 특별히 자주 등장하는 것은 한 신학적 작품이다. ⑨ 8절의 '강한 손과 편 팔'이라는 표현은 「신명기」의 서론적 연설에 4회(4:34; 5:15; 7:19; 11:2)나타나고 포로기 작품(렘, 겔, 시 136:12; 대하 6:32)에 가끔 나타난다. ⑩ 8절의 '큰 위엄'이란 표현은 신 4:34과 렘 32:21에만 나타난다. ⑪ 8절의 '이적과 기사'라는 표현은 「신명기」에만 등장하는 표현이다. ⑫ 9절의 '이곳으로 인도하셨다'는 표현은 J에 의해 말해졌으나(출 13:5; 23:20; 민 14:3,8,16,24; 16:14), 「신명기」 서론과 결론 부분에 자주 등장한다. ⑬ 9절의 '젖과 꿀이 흐르는'이라는 표현 역시 J에 나타나나 「신명기」 서론과 결론부분에서도 자주 등장한다(J. P. Hyatt, "Were There an Ancient Historical Credo in Israel and an Independent Sinai Tradition?", in *Translation & Understanding the Old Testament*, ed. by H. T. Frank and W. L. Reed, Nashville: Abingdon Press, 157-158쪽에서 재인용).

전승들은 매우 무질서하게 시작되며 어떤 것들, 특히 폰 라드가 분류해 낸 것들은 최종의 형태까지 수세기가 걸리기 때문이다."128)

하야트(J. P. Hyatt)는 그의 논문 「이스라엘에 고대 역사신조와 독립된 시내산 전승이 있었는가?」에서 폰 라드의 이론에 대해 다음과 같은 결론을 내린다. 로스트는 「신명기」 26장 5b-9절을 통해 이것이 후대의 편집물이라고 주장하였는데, 바로 이러한 연구를 바탕으로 하야트는 폰 라드가 이야기한 고대성에 반대한다. 폰 라드는 「신명기」 26장 5b-9절의 처음 부분의 운율과 두운이 고대성을 나타낸다고 주장하나, 하야트는 그것만으로 전체 구절의 고대성을 주장하기에는 너무 빈약하다고 말한다.

나아가 하야트는 유대교의 중요한 신앙고백인 '쉐마(שְׁמַע)'에는 역사신조가 들어있지 않으며, 단지 「민수기」 15장 41절에만 간단히 언급하고 있음을 통해 이 역사적 요약이 후대(주전 7~6세기)에 생긴 것으로 주장한다.129)

여기서 우리는 「신명기」 26장 5b-9절에서 보이는 고대성을 가지고 전승 자료 자체의 고대성을 이끌어 올 수 없다는 하야트의 주장에 동조하면서, 아울러 언어와 문체에 관한 연구를 통해서 볼 때 로스트의 주장처럼 현재의 '역사신조'는 후대의

---

128) 김영진, 앞의 글, 83-89쪽.
129) J. P. Hyatt, 앞의 글, 159-168쪽.

것으로 보아야 할 것이다. 게다가 현재 우리에게 보이는 정교하고 고정된 형식을 갖춘 역사신조로 만들어지기까지 카펠루드의 견해처럼 수 세기가 걸린다는 점에서 폰 라드가 제시한 '역사신조'는 그의 주장보다 상당히 후대의 것으로, 구체적으로는 요시야 종교개혁이나 그 이후의 것으로 보아야 할 것이다.

③ 시내산 전승과 정착 전승의 분리 기원의 문제

이 문제와 관련된 폰 라드의 주장에 대한 비판은 대략 세 가지로 요약된다. 첫째는 고대 근동의 조약형식과 구약성서의 언약형식에 기초한 비판이고, 둘째는 정착 전승 속에 시내산 전승이 결합되어 있다고 제시한 다른 대목들에 대한 문제이다. 셋째로는 현재와 같은 육경의 형성이 J기자에 의한 것이 냐라는 문제이다.

먼저, 멘덴홀(G. E. Mendenhall)을 중심으로 한 고대 근동의 조약 개념과 구약성서의 언약 개념 사이의 유비[130]를 통해

---

[130] 멘델홀은 1954년 히타이트 '종주권 조약(suzerainty treaty)'과 구약성서의 언약과의 상호관계에 관한 중요한 논문을 발표하였다. 주전 2천년기에 속하는 종주권 조약 형식은 대체로 다음과 같은 여섯 가지 내용을 특징으로 하고 있다. ① 주권자를 소개하는 전문, ② 조약 당사자들 간의 조약 이전의 관계를 자세히 묘사하는 역사적 서언, ③ 봉신에게 주어지는 의무에 대하여 자세히 기록하고 있는 법 조항, ④ 조약문서의 정기적 낭독과 보관에 관한 기록 ⑤ 조약의 증인이 되는 신들의 명단, ⑥ 축복과 저주 등이다. 멘델홀은 구약성서의 자료 가운데 이러한 구조를 잘 나타내는 것으로

폰 라드의 두 전승의 분리를 반대하는 것은 이 둘 사이의 유비에 대한 반대 견해를 밝힌 맥카시의 연구를 통해 거부된다. 그에 의하면 시내산 사건에 등장하는 역사에 대한 언급은 '종주권 조약'에서의 역사적 서언과는 다른 것으로 신현현에 속하는 것이라고 주장한다.[131]

게다가 페어리트(L. Perlitt)에 의하면 언약 개념이 구약성서에 등장하는 것은 예언자 운동과 그 사상의 영향을 받아 형성된 7세기 이후라는 것이다.[132] 따라서 고대 근동의 조약 개념과 구약성서의 언약 개념 사이의 유비를 가지고 폰 라드의 두 전승의 분리를 반대하는 것은 설득력이 없다.

다음으로, 폰 라드가 주장한 '역사신조' 이외의 다른 곳에서도 정착 전승과 시내산 전승의 결합이 나타난다는 주장을 살펴보자. 브라이트(J. Bright)[133]는 12세기에 속하는 '모세의

는 십계명과 「여호수아」 24장을 들고 있다(G. E. Mendenhall, "Covenant Forms in Israelite Tradition", *Law and Covenant in Israel and the Ancient Near East,* The presbyterian Board of Colportage, 1955, 24-50쪽 참조). 이러한 멘델홀의 주장이 구약성서의 언약개념과는 정확히 일치하지 않는다. 이에 대한 자세한 내용은, 김영진, 앞의 글, 64-69쪽 참조.

131) D. J. McCarthy, "What was Israel's Creed?", *Lexington Theological Quarterly*, Ⅳ(1969), 46-53쪽.
132) 이경숙, 「시내산 언약과 야웨신앙」, 『새롭게 열리는 구약성서의 세계』, 서울: 한국신학연구소, 1986, 52-59쪽.
133) John Bright, *A History of Israel*, 3rd., London: SCM Press, 1981, 126쪽.

노래'(출 15장)에 구원사와 시내산 사건이 언급(가령, '주의 성결한 처소', '주의 기업의 산', '성소' 등)된다고 말했다. 하지만 출애굽-정착 전승이 함께 등장하는 것으로 보아 이 노래가 출애굽 초기 전승이 아닌 훨씬 후대인 정착 이후의 전승일 뿐더러 시내산에 대한 구체적인 언급도 없다.

그가 주장한 '드보라의 노래'(삿 5장) 또한 시내산 사건에 대한 구체적인 언급을 찾아볼 수 없다. 십계명 속에 시내산 사건과 출애굽 사건이 들어 있다고 주장했지만, 사실 10가지의 계명(율법) 내에 출애굽 사건에 대한 언급은 들어있지 않으며, 역사적 서언으로 제시한 「출애굽기」 20장 1-2절이 후대에 십계명을 구원사라는 틀로 해석하려고 후대에 첨가된 것이라는 점에서 브라이트의 주장에는 설득력이 없다.

또한 니콜슨(E. W. Nicholson)은 「출애굽기」 19장 9-20절의 시내산 신현현 기사와 「출애굽기」 24절 9-11절의 신현현 기사에 출애굽 전승이 나온다고 주장하지만, 그것도 사실이 아니다.[134] 오히려 폰 라드가 주장한 '역사신조'에 시내산 전승에 대한 언급이 없다는 사실과 비교적 후대의 것으로 인정되는 구속사 「시편」(시 78, 105, 135, 136 등) 속에도 시내산 사건에 대한 언급이 없다는 점에서 이 두 전승이 오랫동안 독

---

134) 김영진, 앞의 글, 76-81쪽.

립적으로 내려왔다고 보아야 할 것이다.

그런데 문제는 이 두 전승이 J 이전부터 결합되어 있다가 J기자에게 받아들여졌다는 견해(바이저)나[135] 폰 라드의 주장처럼 J기자에 의해 이 두 전승이 결합되었다는 주장이다. 폰 라드가 말한 대로 이 두 전승이 결합된 형태로 나타나는「느헤미야」9장 13-14절이나「시편」106편 19절은 그 역사적 전망이 J기자보다 상당히 후대인 포로기를 상정하고 있다는 점에서 J기자에 의한 두 전승의 결합은 설득력이 없다.

다만 다윗-솔로몬 시대에 속하는 J기자의 시대적 정황이 이스라엘 종교사 속에서 신학적 혁명이 일어난 시기라는 점을 감안할 때, 육경의 틀을 형성하는 구원사적 맥락이 J기자에 의해 형성되었다는 것은 충분히 예상할 수 있다. 현재와 같은 시내산 전승을 포함한 최종 형태의 육경은 포로기와 그 이후 P기자의 시대에 이르기까지 오랜 세월에 걸쳐 형성되었다고 보는 것 또한 무리가 없을 것이다. 요즈음에는 오경(육경)의 형성에 있어 J기자의 공헌보다는 우리가 현재 가지고 있는 정경(正經, Canon)적 관점에서 최종 편집자인 포로기 이후의 제사장 기자(P)의 공헌을 강조하는 추세이다.

---

135) 같은 글, 73-76쪽.

4. 『구약신학』 - 폰 라드 신학의 '꽃과 열매'

폰 라드는 30년 동안의 강의, 연구, 저술 등을 거쳐 자신의 기념비적인 저서 『구약신학 *Theologie des Alten Testaments*』(1957, 1960, 영역 *Old Testament Theology*, 1962, 1965) 2권을 세상에 내놓음으로써 20세기 최고의 구약신학자로 자리매김하게 되었다. 옛 거장들의 전통에 선 그의 이 방대한 저술은 원숙한 학문적 성찰의 결과로써, 일생에 걸친 자신의 전승사적인 구약성서연구를 잘 요약하고 있다.136) 여기서는 먼저 폰 라드와 관련된 구약신학의 신학적 배경을 간략히 살펴보고, 이어서 『구약신학』의 내용을 다루고자 한다. 끝으로, 폰 라드의 『구약신학』에 대한 여러 학자들의 평가 및 폰 라드 이후의

---

136) Ben C. Ollenburger, Elmer A. Martens, Gerhard F. Hasel. 강성열 옮김, 『20세기 구약신학의 주요 인물들 *The Flowering of Old Testament Theology*』, 서울: 크리스챤 다이제스트, 2000, 165-166쪽.

구약신학의 전망을 다룰 것이다.

구약신학의 신학적 배경

① 종교개혁에서 구약신학의 독립까지

무엇보다 먼저 주목해야 할 사실은 대부분 폰 라드가 종교개혁자 마르틴 루터(Martin Luther, 1483~1546)에 얼마나 깊이 천착되어 있었는지를 간과하고 있다는 점이다. 필자의 생각으로는 구약신학자인 폰 라드의 신학적 뿌리는 철저히 마르틴 루터에 닿아 있다고 감히 주장하고 싶다.

우선, 종교개혁 당시에는 '구원론(救援論)'의 문제, 곧 인간은 어떻게 구원을 얻는가의 문제가 신학적 중심문제였다. 루터의 인생관을 완전히 바꾸어놓은 '탑 체험(Turmerlebnis)'이라는 신앙체험도 바로 이 문제에 관한 것이었다. "내가 어떻게 은혜로우신 하나님을 발견할 수 있겠는가?"라는 루터의 고뇌에 찬 물음은 곧 구원론의 문제였다. 이 구원론의 문제를 놓고 루터는 '하나님 앞에서(Coram Deo)' 치열한 영적 씨름을 하였고, 결국 복음의 재발견(롬 1:17)을 통해 그 해답을 얻었던 것이다.[137]

---

[137] 이에 대한 보다 자세한 논의는 필자가 번역한 W. von Loewenich 의 『마르틴 루터』(서울: 성지출판사, 2002)의 '역자해설-종교개

폰 라드는 루터교 가정에서 태어나 개혁교회의 전통속에서 자라났다. 나치시대에 인간 히틀러가 우상이 되어가고 유대인 대학살이라는 미증유의 역사적 혼돈을 경험한 젊은 시절, 폰 라드는 '하나님 앞에서' 치열한 실존적 고민을 하는 가운데 유대인의 성서인 구약성서를 연구하였고, 이로부터 나온 것이 '신앙고백(Credo)의 신학'이었다. 그리고 루터가 '개인적인 구원론(救援論)의 문제'와 씨름하면서 그 시대의 중심문제와 맞섰다면, 폰 라드는 '역사적인 구원사(救援史)의 문제'와 씨름하면서 그 시대의 중심문제와 맞섰다.

또한 루터의 성서해석의 원리인 '성서로 하여금 그 자신을 말하도록 하라(sui ipsius interpres)'는 폰 라드로 하여금 '구약으로 하여금 그 자신을 말하도록 하라'는 구약해석의 방법론을 갖게 해 주었다. 이를 통해 폰 라드는 양식비평과 전승비평은 정당한 방법이며, 성경은 결국 하나님의 인간 구원에 관한 역사를 기록한 책이라는 점에서 구원사가 성서해석의 최선의 방법이라는 주장을 갖게 되었던 것이다.

아무튼 20세기 최대의 구약신학자인 폰 라드가 있기까지 16세기 종교개혁자 마르틴 루터로부터 시작한 4백 년간의 구

혁' (587-597쪽)을 참조하라.

약신학(성서신학)의 발전 과정이 있었다. 구약신학은 성서신학의 일부로서 성서신학이 조직신학(교의학)으로부터 하나의 학문으로 독립하기까지 많은 시련이 있었다. 마르틴 루터를 위시한 종교개혁자들의 가장 중요한 모토는 '근원으로 돌아가자(ad fontes)'였다. 그리고 그것의 일환으로 가장 중요하게 대두된 것이 중세의 스콜라 철학과 교회의 전통이라는 사슬에서 벗어나 오직 '성서로만(sola scriptura)'이라는 운동이었다.

개신교의 성서해석원리인 '오직 성서로만'은 '성서가 성서를 해석한다'는 원리와 함께 후대 성서신학의 연구에 있어 하나의 방향을 제공해 주었다. 그럼에도 종교개혁자들은 '성서신학'이란 용어를 만들지도 않았고 후대 사람들이 이해한 하나의 학문 분야로서 성서신학을 시도하지도 않았다. 종교개혁자들, 즉 루터, 멜란히톤(Melanchton, 1497~1560), 츠빙글리(Zwingli, 1484~1531), 칼빈(Calvin, 1509~1564) 등에 의해 성서의 중요성이 강조되었음에도 불구하고 성서신학이 조직신학으로부터 완전히 독립하여 독자적인 영역을 구축하기까지에는 오랜 진통의 시간이 필요했다.[138]

여기서 폰 라드를 비롯한 이후의 성서신학의 발전에 지속

---

[138] G. F. Hasel. 김정우 옮김, 『구약신학: 현대 논쟁의 기본 이슈들 *Old Testament Theology: Basic Issues in the Current Debate*』, 4th, 1991, 서울: 엠마오, 1993, 21-23쪽.

적인 영향을 미친 사람으로는 화란계 칼빈주의자인 요하네스 코세이우스(J. Cocceius, 1603~1669)가 있다. 17세기 신학자인 그는 구약성서를 해석함에 있어 언약신학을 중심으로 삼은 언약신학의 선구자였다. 1648년 그는 『하나님 언약의 교리 요약 *Doctrinal Summary of the Covenant and Testament of God*』이라는 책을 출간했는데, 이 책을 통해 기독교 교리와 성서 사이에 조화를 이루고자 하였다. 그러나 그 또한 교리의 중요성을 강조하는 조직신학의 한계를 극복하지는 못했다.

그럼에도 그의 신학은 당대의 신학체계와는 전혀 다른 성서적 색채를 띠고 있다는 점에서 새로운 느낌을 준다. 그는 조직신학의 주제들을 맹목적으로 추구하는 대신 모든 사상을 하나로 묶을 수 있는 중심적 원칙을 택했는데, 그가 발견한 원칙은 '언약'이었다. 그는 이 원칙을 토대로 성서의 나머지 주제는 물론 개혁 신앙의 교리도 함께 묶는 자신만의 신학체계를 성립시켰다.

그는 언약 개념을 최초로 사용한 것도 아니고, 또한 그 원칙을 조직신학의 체계 속에 병합시킨 최초의 신학자도 아니었다. 단지 언약 개념을 성서에 구체적으로 적용시키고 성서에 나타난 하나님의 말씀과 행위를 이 한 개념 속에 포함시킨 최초의 인물이었다. 하나님의 구속역사가 역사 안에서 이루어지며, 또 언약이 그의 논쟁의 중심점이 되었다는 구약성서의 특색을 잘 보여준 셈이다.

아무튼 이 두 주제가 이후 폰 라드를 비롯한 20세기 구약신학자들에 의해 지속적으로 논의되고 있는 것에서 그의 통찰력을 확인할 수 있다. 왜냐하면 그가 사용한 언약 개념은 그 이후 '구원사(Heilsgeschichte)'란 명칭과 더불어 지속적으로 언급되고 있기 때문이다. 그럼에도 불구하고 그 또한 구약신학이 독립된 학문 분야로 인정받기 이전, 즉 구약신학의 원역사에 속한다고 볼 수밖에 없다.[139]

구약신학사에 있어 18세기는 중요한 의미를 갖는다. 그것은 구약신학이 조직신학으로부터 완전히 분리·독립하여 하나의 역사적 학문의 성격을 띠기 시작했기 때문이다. 구약신학의 독립의 선구자로 불리는 요한 필립 가블러(J. P. Gabler, 1753~1826)는 프랑스 혁명이 본격화되기 2년 전인 1787년 3월 30일에 알트도르프(Altdorf)대학 교수 취임강연을 하였다. 그 제목은 「성서신학과 조직신학간의 적절한 구분과 목적」[140]이었다.

---

[139] John H. Hayes and Frederick C. Prussner. 장일선 옮김, 『구약성서 신학사 Old Testament Theology: Its History and Development』, 서울: 나눔사, 1991, 36-39쪽.
[140] 라틴어 원문 "De justo discrimine theologiae biblicae et dogmaticae regundisque recte utriusque finibus"로 된 제목을 영어로 옮기면 "An Oration on the Proper Distinction between Biblical and Dogmatic Theology and the Specific Objectives of Each"이 된다.

이 강연에서 가블러는 성서본문의 원래 의미를 이해하려는 노력, 역사적 상황과 문화적 조건이 성서 기자에게 미치는 영향, 성서 중 역사적 영향을 반영하는 부분과 영구적으로 불변하는 진리를 나타내는 부분과의 구분, 성서 안에 다양한 시기와 견해가 있다는 사실에 대한 인정, 성서 기자의 신앙과 이념을 체계적으로 정리하는 문제점 그리고 그와 같은 체계와 조직신학과의 관련성 등을 주로 다루었다.

가블러의 주장은 기본적으로 성서는 어느 곳에서나 신학에 관련되지 않은 부분이 없다는 것이다. 그렇지만 성서신학의 발전 과정에서 명확한 단계가 있어야 함을 주장한 그의 입장은 자연히 구약성서를 신약성서와 구분할 수밖에 없게 하였다. 따라서 그는 신약신학와 대조되는 구약신학의 기초를 수립하는 데 큰 기여를 한 셈이다.

계몽주의(Enlightenment) 시대였던 18세기는 성서비평이 신학연구의 한 방법론으로 자리매김하게 되었다. 그런데 본격적인 성서비평학이 시작되기 전 외부로부터 온 네 명의 비(非)신학자들에 의해 성서비평이 예기되었다. 유명한 법학자인 그로티우스(H. Grotius, 1583~1645), 이신론적 철학자인 홉스(T. Hobbes, 1588~1679)와 유대계 철학자인 스피노자(B. Spinoza, 1632~1677) 그리고 의학교수인 쟝 아스트룩(J. Astruc, 1684~1766)이 그들이었다. 이들에 의한 성서신학의 연구는 19세기에 접어들면서 더욱 다양한 형태의 성서비평 이론이 대두되게 만들었고, 그와 더불어 이스라엘 종교사에 대한 연구가 활발히 전개되면서 구약신학은 쇠퇴하게 되었다.[141]

② 이스라엘 종교사의 우세에서 구약신학의 부흥까지

18세기까지 몇몇 선구자들에 의해 시작된 성서비평학은 19세기에 접어들면서 그라프(K. H. Graf, 1815~1869)와 벨하우젠(J. Wellhausen, 1844~1918)의 문서가설(document hypothesis)에 의해 그 절정에 이르렀다.

벨하우젠의 저서 『이스라엘 역사 *Geschichte Israels*』(1878, 영역 *Prolegomena to the History of Israel*, 1885)는 오늘날 우리가 말하는 고전적인 문서가설의 체계를 갖추게 한 책이다. 바트케(W. Vatke, 1806~1882)의 책 『성서신학: 구약성서의 종교 *Die biblische Theologie: Die Religion des AT*』(1835)로부터 큰 영향을 받은 벨하우젠은 헤겔(G. W. F. Hegel, 1770~1831) 철학의 주요한 특징인 변증법(正=자연종교, 反=영적 종교인 히브리종교, 合=절대적이고 보편적 종교인 기독교)을 사용하여 이스라엘 종교의 성립 과정을 설명하였다.

벨하우젠에 와서 꽃을 피우게 된 이스라엘 종교사는 19세

---

141) John H. Hayes & Frederick C. Prussner, 앞의 책, 16-30쪽.

기 중반 이후 언어학, 고고학 그리고 인류학의 발전과 더불어 고대 근동의 종교에 관한 지식이 확장되면서 '종교사학파 (Religionsgeschichtliche Schule)'를 낳게 되었다.142)

19세기 중엽에 이에 맞서 강력한 보수주의 반동도 일어났다. 이들은 구약신학에 대한 합리주의적이고 철학적인 접근에 반박하며 역사비평학적 방법의 정당성을 부인하고, 신적 계시를 온전히 믿으며 온건한 역사적 접근을 시도한 자들이었다.143) 헹스텐베르크(E. W. Hengstenberg, 1802~1869)는 『구약성서의 기독론 *Die Christologie des Alten Testaments*』(1829~1835)에서 역사비평학적 방법론의 부당성을 말하면서 두 성서 사이에는 아무런 구별도 없다고 주장하였다.

구원사학파는 세 가지 명제, 즉 ① 말씀에 표현된 하나님 백성의 역사, ② 성서의 영감사상, ③ 예수 그리스도 안에 나타난 하나님과 사람 사이의 역사의 (예비적) 결과라는 명제에 근거하고 있다. 호프만은 성서 속에서 직선적인 구원의 역사

---

142) Roland K. Harrison. 류호준·박철현 옮김, 『구약서론 (상) *Introduction to the Old Testament*』, 서울: 크리스챤 다이제스트, 1993, 54-56쪽.
143) 이들을 '구원사(구속사) 학파(Salvation History School)'라고 부르며 헹스텐베르크를 비롯 슈토이델(J. C. F. Steudel, 1779~1837), 해버닉(H. A. C. Hävernick, 1811~1845), 욀러(G. F. Oehler, 1812~1872) 및 호프만(J. c. K. von Hofmann, 1810~1877)으로 이어진다. '구속사'라는 표현은 호프만의 책 『예언과 성취 *Weissagung und Erfüllung*』(1841~1844)에 나오는 개념이다.

의 기록, 곧 역사의 주가 되시는 하나님의 목적과 목표는 인간을 구원하는 것이라는 사실을 발견하였다. 예수 그리스도는 구원사가 지향하는 근본적인 목적이며, 구원사는 그 목적으로부터 의미를 부여받기에 구약성서는 구원사적 선포를 담고 있다고 볼 수 있으며 구약신학은 바로 이 점을 드러내야 한다고 주장하였다. 구약신학과 신약신학의 발전에 미친 구속사학파의 영향은 폰 라드를 비롯하여 오늘날까지도 그 영향을 발휘하고 있다. 그러나 호프만과 구속사학파는 얼마 가지 못하고 종교사학파에 의해 그 빛을 잃고 말았다.144)

종교사학파는 고대 근동 종교가 히브리인들에게 어떠한 영향을 끼쳤는가를 살폈다. 이때 혜성같이 등장한 학자가 루터교 목사의 아들로 태어난 궁켈(H. Gunkel)이었다. 궁켈은 성서연구의 한 방법인 양식비평(Form Criticism) 혹은 양식사(Gattungsgeschichte)의 선구자로 불린다. 그는 자신의 독특한 방법론을 사용하여 히브리 성서 속에 등장하는 다양한 문학 형태들을 점검함으로써 문서 이전 단계(pre-literary stage)인 구전 전승(oral tradition)을 밝혀내는 것을 사명으로 여겼다.

---

144) G. F. Hasel. 김정우 옮김, 『구약신학: 현대 논쟁의 기본 이슈들 *Old Testament Theology: Basic Issues in the Current Debate*』, 4th, 1991, 서울: 엠마오, 1993, 32-35쪽.

그의 관심사는 구약 종교에서 발견되는 요소들과 이제 막 재발견되기 시작한 메소포타미아와 고대 이집트 종교생활의 요소들 사이에 있었던 어떤 연속성(continuity)이었다. 벨하우젠이 내세웠던 이스라엘 종교사에 대한 설명은 늘 아쉬움을 남겼는데, 이는 벨하우젠이 외부로부터의 주목할 만한 영향을 전혀 고려하지 않았기 때문이었다.

1차세계대전이 일어나기 직전에 이루어졌던 메소포타미아에서 재발견된 종교들과 성서간의 연관성에 관한 연구는 '비벨-바벨(Bibel-Babel)'논쟁으로 알려지게 되었다. 이 논쟁은 아주 철저하고 진지하게 진행되었는데, 그 주제는 구약성서에 나타나 있는 신화와 바벨론 종교와의 관계였다. 궁켈은 이 논쟁의 핵심에 있었으며, 이 논쟁으로 인해 독일 신학계 내에서 불리한 입장에 놓이게 되었다.[145]

한편, 궁켈은 「시편」에 양식사 방법론을 적용하여 새로운 접근방법을 개척한 선구자였다. 이스라엘의 예배와 영성(spirituality)의 관계를 통해서 「시편」을 이해하는 새로운 가능성을 보여준 궁켈의 위대한 업적은 현재까지도 타의 추종을 불허하고 있다. 「시편」연구의 새로운 시대가 「시편」양식들의 분류에 기초하여 시작되었던 것이다. 이처럼 폰 라드의 구약

---

145) R. E. Clements. 문동학·강성렬 옮김, 『구약성서 해석사 *A Century of Old Testament Study*』, 서울: 나눔사, 1988, 25-27쪽.

신학은 종교사학파의 두 거장인 벨하우젠과 궁켈에 큰 빚을 지고 있다.

궁켈의 「시편」연구를 더욱 발전시킨 학자는 스칸디나비아 학파, 소위 '신화와 제의 학파(Myth and Ritual School)'의 대표자로 알려진 노르웨이 출신의 모빙켈(S. Mowinckel, 1884~1965)이다. 모빙켈은 「시편」을 궁켈이 행했던 것보다 더욱 직접적으로 제의(cult)에 연결시켜 설명하였다.[146]

약 40년 동안 구약신학은 종교사학파에 의해 그 빛을 잃고 있었다. 종교사학파에 의해 만개된 역사주의(Historicism)는 구약의 통일성을 파괴해 버렸고, 종교사학파의 방법은 구약신학과 구약을 이해하는 데 있어 모든 면에서 파괴적인 영향을 미쳤다. '구약연구에서 역사주의의 횡포'를 깨뜨리고 구약신학을 재발견하여 회복시키는 데는 참된 용기가 필요하게 되었던 것이다.[147]

1차세계대전이 끝난 후 약 10년 동안 구약신학이 부흥하게 되는 몇 가지 요인이 생겼다. 덴탄(R. C. Dentan)은 '구약신학의 르네상스'에 기여한 세 가지 요인을 다음과 같이 제시하였다.[148] 첫째, 진화론적인 자연주의에 대한 믿음의 상실, 둘째,

---

146) 같은 책, 146-154쪽.
147) G. F. Hasel, 앞의 책, 37-38쪽.

역사적 진리는 순수한 과학적 '객관성'으로 얻을 수 있다는 확신에 대한 거부감, 혹은 그런 객관성을 정말 얻을 수 있는지에 대한 의구심 그리고 셋째, 변증법적(신정통주의)[149] 신학에서 말한 계시사상으로 되돌아가자는 경향이었다.

구약신학은 1930년대부터 시작하여 1950년대에 이르러 '황금시대(golden age)'를 맞이하게 되었다. 이 기간에 무수히 많은 『구약신학』이 쏟아져 나왔다.[150] 이 가운데 폰 라드의 『구약신학』에 깊은 영향을 끼친 세 학자는 아이히로트, 프록쉬, 프리젠이다(이들에 대해서는 뒤에서 좀더 자세히 다루고자 한다).

폰 라드는 가블러 이후 구약신학의 분과가 걸어온 길을 이같이 말한다. "이 분과가 교의학으로부터 독립한 것은 필연적이었다. 그런데 이 독립은 커다란 빈곤화를 뜻하는 것이었고, 심각한 장애가 되었다. 온갖 교의학적 편견에도 불구하고 17~18세기 신학이 구약성서에 대해 가진 관계들은 풍부하고

---

148) R. C. Dentan, *Preface to OT Theology*, 2nd., New York, 1963, 61쪽.
149) 칼 바르트는 1차세계대전 후에 일어난 프로테스탄트 신학운동의 대표자이다. 그는 절대적인 신의 주권을 강조하였으며, 자유주의 신학에 대한 반동 및 종교개혁의 몇몇 교리, 가령 인간의 타락, 인간의 죄의 필연성 등에 대한 재확인작업을 하였다.
150) 이에 대해서는, J. H. Hayes & F. C. Prussner, 앞의 책, 208-281쪽 참조.

다양하였다! 당시에 신학은 모세 제의의 세부사항들과 구약의 인간학 및 복잡한 고고학적 문제들에 생생한 관심을 가졌다. 그런데 합리주의 및 성서신학의 독립과 더불어 구약과 본래의 신학적 관계들은 돌연 더욱더 단선적이고 추상적인, 한마디로 훨씬 더 빈곤해졌다."151)

그러면서 폰 라드는 이렇게 주장한다. 이제 이스라엘은 고대 근동의 다른 민족들과 같은 한 민족으로 나타났다. 그리고 사람들은 역사학이 그려놓은 상이 신학과 특별한 관련성을 가지고 있지 않다고 이해한다. 그 결과 이스라엘의 역사는 점차 신학으로부터 멀어져 갔고, 결국 일반 역사가들에게 넘어가고 말았다. 그리하여 가블러 이후 170년이 지난 오늘날 신학은 그 본래의 대상일 수 있는 것과의 올바른 관계를 상실하였고, 이스라엘 자신의 야웨에 관한 증언을 오늘에 이르기까지 찾지 못하고 있는 실정이다.152)

③ 폰 라드에 직접적인 영향을 준 현대 구약신학자들

폰 라드의 시대는 종교사학파에 의한 '구약신학의 죽음'으로부터 시작하여 '계시신학'의 대두로 인하여 구약신학이 다시 부활했던 시대라 하겠다. 폰 라드가 태어나기 수십 년 전

---

151) G. von Rad, *OTT I*, 112-113쪽.
152) 같은 책, 113-114쪽

부터 종교사학파가 독일 신학계를 지배하였다. 그리고 이 종교사학파에 대한 반응으로 계시신학이 출현하게 되었으며, 바로 이러한 신학적 배경에서 폰 라드는 구약신학을 연구하게 되었다.

그런데 폰 라드는 그의 시대에 유행했던 종교사학파의 입장을 부정하기보다는 그것을 극복하는 입장을 가지고 학문적인 정열을 쏟았다.153) 우선 폰 라드는 궁켈 이외에 구약학의 두 역사가에게도 큰 빚을 지고 있다. 그의 스승인 알트와 그의 동료인 노트가 그들이다. 폰 라드를 구약학자로 대성시킨 배후인물을 꼽는다면, 그를 개인적으로 지도했을 뿐만 아니라 목회의 길이냐 학문의 길이냐 하는 결단의 순간에 그를 학문의 세계로 나가게 한 알트일 것이다.

또한 알트는 지파동맹(Amphictyony)의 가설을 제공하였는데, 폰 라드는 이것을 그의 본질적인 학설로 받아들였다. 또한 폰 라드는 노트가 분류한 오경의 주제들을 그대로 받아들였다. 일반적으로 폰 라드의 신학을 '전승사 신학'이라고 하는데, 바로 이 '전승(tradition)'이라는 개념은 알트와 노트로부터 빌려온 개념이다.154)

알트와 노트는 역사가들이기에 그들의 목표는 전승의 개념

---

153) 김정준, 『폰 라드의 구약신학』, 9-10쪽.
154) 같은 책, 45-54쪽.

을 사용하여 이스라엘의 역사를 파악하는 것이었다. 그들은 신학보다 역사에 우선권을 두었다. 그러나 역사의 문제는 전승의 신학적 동기를 이해하지 않고서는 풀 수가 없다. 바로 이러한 생각이 폰 라드에게 영향을 주어 그의 '전승사 신학'을 형성하게 만들었다. 그밖에 폰 라드에게 직접적인 영향을 준 세 학자를 소개하면 다음과 같다.

첫 번째 학자는 아이히로트(1890~1978)[155]이다. 신학적인 방법(구약신학)보다는 역사적인 방법(종교사학파)이 우세한 시기였던 1933년, 아이히로트와 젤린(E. Sellin, 1867~1945)의 『구약신학』의 발간을 통해 새로운 시대를 맞게 되었다. 이 사건의 중요성을 보다 잘 이해하기 위해서는 바로 이 해에 독일에서는 민족주의적 사회주의체제(나치정권)의 통제 하에서 구약성서가 정죄의 책이 되었다는 것을 알아야 한다. 1933년은 구약신학연구의 본격적인 문을 여는 해가 되었다.[156]

아이히로트는 종교사학파가 우상처럼 모신 역사주의에서

---

155) W. Eichrodt, *Theologie des Alten Testaments*, 3 vols. 1933~1939; *Theology of the Old Testament* I(1961), II(1967), London: SCM Press, 1961: 박문재 옮김, 『구약성서신학』, 서울: 크리스챤 다이제스트, 1994.
156) J. H. Hayes & F. C. Prussner. 장일선 옮김, 『구약성서 신학사』, 서울: 나눔사, 1991, 211쪽.

탈출하여 그 역사를 이루고 있는 사건이 가진 의미를 추구해 보려 했으며, '역사의 세계'보다 '신앙의 세계'에서 더 큰 의미를 찾으려 했다. 『구약신학』 제I권에서 그는 구약신학의 방법과 대상을 밝히고 있다. 그의 관심은 구약신학의 본질적인 성격과 사명을 두 개의 중심, 즉 구약에 있는 이스라엘 및 주변 여러 나라의 종교세계라는 중심과, 신약성서라는 중심에서 찾으려 하였다.157)

그는 뮐러(M. Müller)의 "오직 하나의 종교만을 알고 있는 사람은 아무런 종교도 알지 못하는 것이다(The man who knows only one religion knows none)"는 말을 인용하면서 "구약신학의 그 어떠한 진술도 전체 고대 근동의 종교세계와 구약과의 관련성을 끊임없이 참조하지 않고서는 적절히 진술될 수 없다"158)고 하였다.

또한 구약신학은 신약과의 관련성을 떠나서도 제시될 수 없다. 구약과 신약을 꿰뚫는 것이 있다면, 그것은 하나님의 언약사상일 것이다. 그는 이 언약사상을 핵으로 이스라엘 신앙세계에 나타난 기본적인 문제들의 역사성을 밝혀 그 역사적 근거 위에다 사상체계를 조직화시키고 있다. 그 결과로 나타난 것이 그의 『구약신학』 3부작 — 제I권, 「하나님과 백성」

---

157) 김정준, 앞의 책, 12-13쪽.
158) W. Eichrodt, *Theology of the Old Testament* I(이하 *TOT* I), 25쪽.

(1933), 제Ⅱ권,「하나님과 세계」(1936), 제Ⅲ권,「하나님과 인간」(1939) — 이다. 구약의 하나님은 결국 이스라엘 백성의 하나님인 동시에 세계의 하나님이요, 온 인류의 하나님이시다. 그래서 구약신학의 3대 과제는 "하나님과 백성, 하나님과 세계, 하나님과 인간"159)이라고 하였다.

두 번째 학자는 프록쉬(1874~1947)이다. 프록쉬의『구약신학 *Theologie des Alten Testaments*』은 그가 죽은 지 3년 후에 출간되었으며, 20세기 구약신학에 큰 영향을 끼쳤다. 아이히로트는 그의 제자였고, 폰 라드는 프록쉬의 책을 출간하는 데 도움을 주었다.

프록쉬는 그의 저서를 두 부분으로 나누었다. 첫째 부분은 역사의 세계로, 족장시대부터 포로기 이후까지 이스라엘 종교의 역사를 다룬 것이다. 둘째 부분은 사상의 세계로, 조직적인 서술, 즉 신학을 제시하고 있다. 그리고 세 가지 주요 제목 — 하나님과 세계, 하나님과 백성, 하나님과 인간 — 이 구성의 원칙으로 사용되었다. 처음 두 부분의 순서가 바뀐 것 말고는 아이히로트의 체계와 유사하지만, 이러한 체계는 프록쉬가 먼저 제안한 것이다.160)

---

159) 같은 책, 33쪽.
160) 같은 책, 33쪽 각주 1.

그는 구약성서가 그리스도인의 책이라는 성격을 강조하기 위하여 구약에서도 '그리스도론'을 찾아볼 수 있다고 할 만큼, 구약성서를 기독교적인 입장에서 보려 했다. 그의 책은 이렇게 시작된다. "모든 신학은 기독론이다." 그의 신학서의 제Ⅰ부의 '역사상'과 제Ⅱ부의 '사상상'은 결코 분리될 수 없다. 그렇기 때문에 제Ⅱ부의 '세계, 백성, 인간'에 관한 신학적 서술은 제Ⅰ부 '역사 세계'와 함께 논술되어야 했으나 그렇게 되지 못했으며, 이것이 바로 그의 신학적인 약점이다.

프록쉬는 역사를 기독론적으로 보았기에 역사주의의 입장에서는 벗어났다고 할 수 있으나, 역사 그 속에 깔려있는 기본문제, 즉 전승의 문제까지는 파고들지 못한 약점을 갖고 있다.[161] 그럼에도 불구하고 프록쉬는 구약신학을 기독론적 관점에서 접근함으로써 폰 라드로 하여금 구약과 신약의 깊은 관련성을 구원사적 관점에서 보도록 하는 데에 큰 영향을 끼쳤다.

마지막, 세 번째 학자는 프리젠(Th. C. Vriezen, 1899~)[162]이다. 1950년대에는 구약신학에 관한 저서들이 많이 출간되

---

161) 김정준, 앞의 책, 15-21쪽.
162) Th. C. Vriezen, *An Outline of Old Testament Theology* (1958), Oxford: Basil Blackwell, 1958: 노항규 옮김, 『구약신학 개요』, 서울: 크리스챤 다이제스트, 1995.

었다. 이 기간을 구약신학의 '황금시대'라 부른다. 이때의 책들은 대부분 '성서신학운동'163)의 영향을 보여주고 있다. 이 기간 적어도 미국에서는 성서해석의 진보주의와 신정통주의(neo-orthodoxy)에 반대하는 성서 보수주의가 다시 부흥하기도 하였다. 이 기간에 출간된 신학서 중 방법론적인 문제를 가장 완벽하게 취급하고, 내용적으로도 가장 충실한 책이 네덜란드의 구약신학자인 프리젠의 작품이다.

그는 구약신학이 목적이나 방법에 있어 이스라엘 종교사와는 전혀 다른 학문의 형태라고 주장한다. 그러기에 그 둘은

---

163) 2차세계대전 말 영국과 미국에서 성서신학에 대한 많은 저서들이 나왔다. 제1차세계대전 이후 칼 바르트(K. Barth)와 에밀 브룬너(E. Brunner) 등이 유럽 신학계에 미친 영향이 40년대 이후 미국 대륙에 도착하여 미국에서 '성서신학운동'이 일어났다. 미국의 구약학자인 차일즈(Childs)는 이 같은 운동을 '신정통주의'라고 부르며, 이 운동의 공통점으로 성서의 신학적인 의미를 새로 찾고 신구약이 동일하지는 않으나 통일성을 갖고 있다는 것을 주장하며, 하나님은 역사를 통해서 계시하시며, 히브리 사고는 희랍 사고와는 전혀 다른 독특성을 지니고 있다고 주장하였다. 그러나 스마트(J. D. Smart)는 이러한 차일즈의 주장이 사실이 아니라고 주장한다. 스마트는 미국에서 '성서신학운동'이 일어나기 전인 1930년대의 미국 성서학계는 '신학이 없는 성서학문'이었으며, 당시에는 고대 근동세계의 역사 및 문서비평에 깊은 관심을 갖고 있어 성서본문의 신학적인 의미는 도외시되었다고 말한다. 바로 이런 배경 하에서 성서신학운동이 일어났으나 60년대 중반에 그만 시들어 버리고 그 후 계속되는 조직신학적인 관심에 묻혀버리게 되었다고 말한다(장일선, 『구약신학의 주제』, 서울: 대한기독교서회, 1996, 402-404쪽 참조).

분명히 구분되어야 하며, 구약신학의 목적은 이스라엘 종교가 아닌 구약성서이며, 그 방법 또한 신약성서와의 관련성에서 메시지를 연구하는 것이라고 말한다.164)

그는 구약과 신약을 분리하여 생각하지 않았다. 구약성서는 예수에게 있어 유일무이한 성서였다. 구약은 예수의 성서였다. 그는 집에 있을 때는 물론 공생애 기간 내내 구약성서와 함께 살았다. 문제는 구약에 나타난 계시를 어떻게 신약의 계시와 동일시할 수 있느냐 하는 것이다. 구약의 계시는 아브라함 이후 「제2이사야」에 이르기까지 미래에 나타날 하나님의 완전한 계시(예수 그리스도)를 향해 계속적으로 전진했다. 즉 구약에 나타난 계시는 신약에 나타난 계시를 미리 보여주는 것으로 이해한 것이다. 구약신학의 목적은 구약의 계시가 어떻게 신약의 계시인 예수 그리스도를 앞서 보여주고 있는가를 가르치는 것이라고 프리젠은 서슴지 않고 말한다.

프리젠은 구약신학을 '하나님과의 교제'에 초점을 맞추어 설명했다. 왜냐하면 구약성서에는 거룩하신 하나님과 세속적인 인간 사이에 나타난 친밀한 관련성, 즉 실존적인 관계가 나타난다고 보았기 때문이다. 그가 구약의 메시지 속에서 설교의 문제에까지 관심을 가진 것은 구약의 케리그마(Kerygma, 선포

---

164) J. H. Hayes & F. C. Prussner, 앞의 책, 256-257쪽.

혹은 설교)를 찾아보자는 뜻에서이며, 바로 이러한 접근이 폰 라드와 공통된 점이라고 볼 수 있다.

그러나 프리젠은 폰 라드와 같은 전승사적인 방법으로 구약연구를 진행하지 못했다. 폰 라드는 이스라엘의 지파동맹인 암픽티오니를 중심으로 한 예배공동체에서 그들의 신앙고백이 나왔다고 하였다. 그러나 프리젠은 구약 케리그마의 문제를 여기까지 끌고 가지는 못했다.[165]

『구약신학』의 내용

① 『구약신학』의 개요

폰 라드가 취급하는 구약신학의 내용이 얼마나 광범위한가를 알아보기 위해 폰 라드의 『구약신학』(제1, 2권)의 목차를 살펴보자.

제1권 이스라엘의 역사적 전승의 신학(1962년)
제I부 이스라엘의 야웨신앙과 거룩한 제도들의 역사 개관
  (1-102)
A. 기원(3-14)

---

165) 김정준, 앞의 책, 22-29쪽.

B. 정복에 따른 위기(15-35)

  C. 국가 형성에 따른 위기(36-68)

  D. 과거를 회복하기 위한 노력들(69-84)

  E. 포로기 이후 제의공동체의 조직(85-92)

  F. 고대 이스라엘의 거룩한 직무와 카리스마(93-102)

  제II부 이스라엘의 역사적 전승들의 신학(103-459)

  A. 방법론적인 기본 전제들(105-128)

  B. 육경의 신학(129-305)

  C. 이스라엘의 기름부음을 받은 자(306-354)

  D. 야웨 앞에서의 이스라엘의 응답(355-459)

제2권 이스라엘의 예언적 전승의 신학(1965년)

  제I부 예언에 대한 일반적인 고찰(1-125)

  A. 서론(3-5)

  B. 문서 이전 시대의 예언(6-32)

  C. 예언의 구전 전승(33-49)

  D. 예언자의 소명과 계시 수용(50-69)

  E. 예언자의 자유(70-79)

  F. 하나님의 말씀에 대한 예언자들의 파악(80-98)

  G. 시간 및 역사에 관한 이스라엘의 이념들과 예언자적 종말론(99-125)

제II부 문서 예언(127-315)

A. 아모스와 호세아(129-146)

B. 이사야와 미가(147-175)

C. 8세기 예언에 나타난 새로운 요소(176-187)

D. 예레미야의 시대(188-219)

E. 에스겔(220-237)

F. 제2이사야(238-262)

G. 바벨론 및 초기 페르샤 시대에 나타난 새로운 요소들(263-277)

H. 후기 페르샤 시대의 예언자들과 새 예루살렘에 대한 예언들(278-300)

I. 다니엘과 묵시문학(301-315)

제III부 구약성서와 신약성서(317-429)

A. 신약성서에 나타난 구약성서의 현재화(319-335)

B. 세계와 인간 및 기독교에 대한 구약성서적 이해(336-356)

C. 신약성서적 성취의 빛에서 본 구약성서의 구원 사건(357-387)

D. 율법(388-409)

E. 후기-회고와 전망(410-429)

『구약신학』의 내용을 간단히 살펴보자. 제1권은 '이스라엘의 역사적 전승들의 신학 The Theology of the Historical Traditions of Israel'이라는 부제가 붙어 있다. 제Ⅰ부는 야웨신앙(Yahwism)과 그와 관련된 거룩한 제도들의 역사를 다루고 있다. 이는 신학적 자료에 대한 서설(Prolegomena) 역할을 한다. 제Ⅱ부는 이스라엘의 역사적 전승들의 신학을 다루고 있는데, 먼저 신학적 방법론을 설명한 뒤에 이 책의 핵심이라 할 수 있는 '육경의 신학(The Theology of Hexateuch)'을 다루고 있다.

폰 라드는 육경 전체가 몇 개의 오래된 고백들 위에 기초하고 있다고 주장하며, 「신명기」 26장 5-9절에 들어있는 옛 신앙고백이 어떻게 야웨 기자, 엘로힘 기자, 제사장 기자, 「신명기」 기자에 의해 육경으로 확장되었는지를 보여주고 있다. 양식비평과 전승사 비평의 방법을 통해 각 전승 기자가 어떠한 상황과 통찰력에 따라 자료들을 수용, 재해석했는지를 말하고 있는 것이다. 이로 인해 애초에는 매우 단순한 고백이었던 것들을 각 세대가 자기들에게 합당한 신학적 형태로 바꾸어 자신의 고백으로 만들었음을 확인할 수 있다. 『구약신학』 제1권의 후반부에서는 '야웨 앞에서의 이스라엘(이스라엘의 응답)'이라는 부제 아래 「시편」과 지혜문학 속에 담겨 있는 신학을 소개하였다.

제2권은 '이스라엘의 예언적 전승들의 신학 The Theology of the Prophetic Traditions of Israel'이라는 부제가 붙어 있다. 폰 라드에 의하면 예언자들은 전승의 담지자들이었다. 이 점에서 그들은 다른 전승의 담지자들과 기능상 별반 차이가 없었으나, 이전의 하나님과 이스라엘의 역사(Heilsgeschichte)는 끝이 났으며, 이제 하나님께서 새로운 일을 시작하실 것이라는 확신을 가지고 있었다는 점에서는 크게 달랐다. 폰 라드에 의하면 예언자들은 하나님의 전적으로 새롭고 예기치 않은 행위(대부분은 백성을 향한 하나님의 진노와 심판)를 선포하기 위해 옛 전승들을 사용하거나 심지어는 옛 전승을 변형시켰다. 한마디로 예언자들은 옛 구원사에 대해서는 '아니오(No)'를 선언하고 미래의 가능성에 대해서는 '예(Yes)'를 선언하였다는 것이다.

구원사에 있어 예언자들이 가진 특별한 위치를 제대로 이해하기 위해서는 예언자들을 개별적으로 살펴볼 필요가 있다고 폰 라드는 말한다.[166] 예를 들어 북왕국 이스라엘 사람들이 선택 전승을 자신들의 구원을 보장하는 방책으로 이해하

---

[166] 다음과 같은 말 속에서 폰 라드는 분명 아이히로트를 염두에 두었을 것이다. "예언자들을 '조직적'으로 다루다 보면 중대한 문제에 직면하게 되며, 구원사에 있어 이들의 독특한 위치를 놓치게 된다"(G. von Rad, *The Messages of the Prophets*, New York, 1967, 266쪽).

는데 반해, 아모스는 선택이라는 개념이 야웨의 임박한 심판의 근거로 변경되었다고 주장한다. 이처럼 폰 라드는 각 예언자들의 예언적 전승이 어떻게 자신들의 특정한 요구와 상황에 따라 적용·변경되었는지를 설명한다.

『구약신학』 제2권의 마지막에는 많은 지면을 할애하여 구약과 신약의 관계성을 다루고 있다. 그는 평생 구약을 전공했음에도 불구하고, 구약 자체를 위한 연구에 머무르지 않고 신약을 위한 구약을 연구했다는 점이 특이할 만하다. 구약과 신약의 관계성을 전승사적으로 보았다는 점에서 그의 구약연구는 신구약관계 연구사에서 중요한 위치를 차지한다. 그의 신구약관계성을 한마디로 표현하자면 신약에 나타나는 모든 것은 구약에서 시작된 과정의 논리적 결론이라는 것이다.[167]

구약의 기자들이 당시 하나님의 구원의 사건을 설명하기 위해 전승들을 재해석했듯이, 신약의 기자들 또한 예수 그리스도에 의한 구속의 사건을 구약 전승의 재해석으로 설명하려고 했다는 점이다. 신약의 기자들은 마치 예언자들이 했던 것처럼 예수 그리스도에 나타난 하나님의 구원행동을 표현하기 위해 옛 전승의 언어를 사용했다. 폰 라드는 이같이 말한다. "신약의 구원사건은 구약에 기록되어 있는 하나님과 이스

---

[167] G. von Rad, *OTT II*, 321쪽.

라엘간의 관계의 역사의 확대이자 그 결론이다."[168]

허혁 교수는 폰 라드의 *Weisheit in Israel*(1970년)을 『구약성서신학-이스라엘의 지혜의 신학』(제3권)이라는 제목으로 번역(분도출판사, 1980)하였다. 그 목차를 소개하면 다음과 같다.

제I부 도입(11-64)
 A. 문제제기(13-24)
 B. 교훈 전승의 장소들과 전수자들(25-34)
 C. 지식을 결합시키는 양식들(35-64)
제II부 이성의 개방과 그 문제점들(65-130)
 A. 지식과 하나님에 대한 경외(67-89)
 B. 법적·사회적 행동을 위한 질서들의 의미(90-114)
 C. 지혜의 한계들(115-130)
제III부 개체 교훈의 대상들(133-317)
 A. 현실 극복의 요인들(133-161)
 B. 적시(適時)에 관한 가르침(162-167)
 C. 창조의 자기계시(168-203)
 D. 신상들에 대한 항의(204-212)
 E. 지혜와 제사(213-216)

---

168) 같은 책, 383쪽.

F. 신뢰와 시련(217-270)

G. 집회서-예수 시락의 지혜서(271-295)

H. 시기에 대한 하나님의 결정(296-317)

제IV부 결론적 관찰(319-354)

끝으로 슈미트(B. H. Schmidt)의 「폰 라드 이전과 이후의 구약성서신학」(355-382)이 소개되어 있다.

② 『구약신학』의 방법론 및 특성

폰 라드는 『구약신학』을 통해 옛 방법론을 버리고, 새로운 접근을 시도함으로써 구약신학연구의 신기원을 이룩하였다. 그는 중심적인 개념, 전반적인 주제, 이스라엘의 사고나 신앙세계에 대한 가정 또는 조직신학적인 범주를 통해 구약신학을 조직화하는 것에 반대하였다.

이와 관련하여 폰 라드는 원칙적으로 두 가지 점에 있어 아이히로트와 대결하고 있다. 첫째, 이스라엘의 신앙고백과 증언은 야웨가 역사 속에서 무엇을 행하셨는가에 대한 것이지 결코 이스라엘 사람들의 사상이나 그들의 신앙세계의 구조와 양식에 대한 것이 아니라는 것이다. 따라서 구약신학은 야웨가 역사 속에서 행하신 행동에 대한 증언이 되어야 한다. 즉 구약신학의 주제는 이스라엘인들의 정신이나 신학적 세계에서 찾을 것이 아니라 '오직 야웨에 대한 이스라엘 자신의 직접적인 고백적 선언'에서 찾아야만 한다고 했다.

둘째, 폰 라드는 이제까지의 연구방법이 신학을 체계화시켰으며 '이스라엘 종교'의 일률적인 상으로 고착시켜 필연적으로 허구에 불과하게 만들었다고 말했다. 따라서 그는 역사적 형태로만 남아있는 이스라엘의 고백적 증언에 의거해서 구약신학을 서술했으며, 또한 이러한 증언은 역사적으로 계속 반복하지 않으면 안 된다고 주장했다.[169]

그는 또한 "하나님에 대하여 이스라엘이 과연 무엇을 말하고 또 고백하고 있는가?"라는 이스라엘의 신앙고백을 찾아내는 일을 구약신학의 과제로 삼아, 그 고백이 어떻게 이스라엘의 생활과 신앙 속에 전승되어 갔는지에 대한 문제에 깊은 관심을 가졌다. 그는 구약신학의 과제가 '신앙세계'니 혹은 '종교사상'이니 하는 일반적 개념의 탐구보다는 훨씬 제약된 것이어야 한다며 다음과 같이 말한다.

> 신학자들이 관심을 가져야 할 구약신학의 과제는 이스라엘의 정신적 종교의 세계나 또는 이스라엘의 영적 상태에 관한 것, 혹은 그들의 신앙세계가 아니라 …… 다만 '이스라엘 자신이 야웨에 대하여 직접적으로 무엇을 말

---

[169] J. Barr, "Recent Biblical Theologies VI. Gerhard von Rad's Theologie des Alten Testaments", *Expository Times*, 73(1961~1962), 142-146쪽(김정준, 앞의 책, 168-170쪽에서 재인용).

하고 있는가를 밝히는 것이다. 그들이 야웨에 대하여 증언한 내용, 즉 이스라엘이 야웨에 대하여 무엇을 고백하고 있는가? …… 구약의 문서들이 가진 '그때그때의 케리그마의 의도'가 무엇인가를 물어보는 것에 구약신학의 과제가 있다.170)

구약의 신학적 기초는 구원사이기에 구약신학은 그 역사(구원사)를 재서술(retelling)171)해야 한다. 구약신학은 조직적 기초가 아니라, 역사적 기초를 지녀야 한다는 것이 폰 라드의 주장이다. 신학이 역사에서 분리되면 신학의 정당한 이유와 기술이 불가능해지기 때문이다. 따라서 "재서술은 구약신학의 가장 적합한 방법론이다."172)

여기서 우리는 두 가지 점에 유념해야 한다. 첫째, 구약신학의 과제는 이스라엘을 위한 하나님의 실제적 간섭의 역사(Historie)를 재서술하는 것이 아니라, 구약의 문서에 나타난

---

170) G. von Rad, *OTT I*, 105-106쪽.
171) 재서술은 성서 이야기의 특징 중의 하나이다. 성서비평학적으로 말하면 재서술은 전승사적 성서해석을 낳는 문학적 형식이기도 하다. 재저술에는 이유가 있다. 잊어서는 안 되는 이야기이기 때문이다. 재서술의 목적은 단순히 과거의 이야기를 들으려는 데 있지 않다. 재서술에는 이스라엘로 부름 받은 사람이 '오늘날 어떻게 살아야 되는지'를 가르쳐 주려는 목적이 숨어있다(왕대일, 『다시 듣는 토라: 설교를 위한 신명기 연구』, 94-95쪽 참조).
172) G. von Rad, *OTT I*, 121쪽.

이스라엘의 고백적 증거의 역사(Heilsgeschichte)를 재서술하는 것이라는 점, 둘째, 폰 라드는 정경에 나타나는 최종 본문 형태의 내러티브(narrative)를 다시 서술하는 데 관심이 있는 것이 아니라, 최종 본문에 깔려있는 전승의 역사, 그리고 이 전승에 영향을 미친 종교 체험의 역사에 더 많은 관심을 가지고 있다는 점이다.

결국 구약신학은 아이히로트가 주장한대로 이스라엘의 사상의 구조나 패턴, 혹은 이스라엘의 신앙세계를 서술하는 것이 아니다. 야웨 하나님이 어떤 분인가(신론)를 개념적, 언어적 관점에서 파악하는 것이 아니라, 역사적 사건과 관련하여 이스라엘의 삶의 현실에서 이해되고 고백된 하나님으로 밝혀져야 한다는 것이 폰 라드의 주장이다. 왜냐하면 이스라엘의 신앙은 어느 종교인의 상상적인 이론이 아니라 이스라엘 역사에 나타난 하나님의 구원행동에 대한 반응이기 때문이다. 결국 폰 라드에 의하면 구약에 나타난 신론, 인간론, 세계론 등이 논리적인 이론을 밝히기보다는 이스라엘과 야웨와의 실존적인 관계를 나타내 주고 있는 것이며, 바로 이러한 것이 진정한 구약신학의 과제이다.[173]

---

[173] 김지찬, 「폰 라드의 구약신학비평」, 『신학지남』, 1994년 가을·겨울호, 105-110쪽.

한편, 폰 라드가 구약을 신학적으로 이해하려고 할 때 맨 먼저 관심을 가진 것은 구약자료의 신학적인 의도가 무엇인가라는 점이다. 『구약신학』이 세상에 나오기 20년 전인 1938년 그는 다음과 같은 말로 「육경의 양식사 문제」라는 논문을 시작하였다.

> 오늘날 육경의 신학적 연구는 어떤 위기에 봉착했다고 말할 수는 없다고 말하는 이가 있으나 사실은 그렇지 않다. 우리는 지금 절벽에 부딪친 채로 살아가고 있다. 우리는 이제 무엇을 해야 할 것인가?" 자료만을 분석해 오던 우리가 가야 할 길은 어디인가? 어떤 이는 말한다. '오늘의 자료비판적인 연구는 너무나 지나친 방향으로 치닫고 있다.' 또 어떤 이는 '산재해 있는 자료의 내용과 그 문학 양식을 검토해 보니, 우리가 과연 이런 일을 해야 하는가 하는 의구심이 들었다'라는 말도 한다. 오늘날 특히 젊은 층에서는 이런 식의 육경연구에 지친 연구자들이 많이 있다.[174]

이 논문에서 폰 라드는 자료의 비판적 연구가 필요하기는 하지만, 이에 매몰되어서는 더 중요한 것을 놓치고 만다고 하면서 이러한 허점을 메우기 위해 양식사학파적인 연구가 어

---

174) G. von Rad, "The Form-Critical Problem of the Haxateuch", 1쪽.

디까지나 목적이 아닌 텍스트가 가진 신학적 연구를 위한 수단과 방법이 되어야 한다는 점을 지적하고 있다.

이를 위해 폰 라드는 구약 텍스트가 무엇을 말하고 있느냐라는, 즉 육경에서 이스라엘의 하나님이 어떻게 표현되어 있느냐에 대해 밝혀야 한다고 말한다. 육경의 내용은 결국 이스라엘이 믿는 야웨 하나님에 대한 신앙고백의 집대성이라 할 수 있다. 이 고백 속에서 하나님이 어떤 분인가에 대한 여러 고백적인 기록들과 이스라엘을 위하여 하나님께서 어떠한 역사하심을 보이셨는지를 밝혀주고 있다. 하나님께서 그들을 구원해 주셨다는 구원에 대한 신앙고백이 육경의 역사를 이루고 있는 것이다.

육경의 신학은 육경에 나타난 신앙고백을 다룸으로써 가능하다고 하지만, 그렇다면 과연 육경 다음에 있는 역사서, 시가서, 예언서 등에서는 어떠한가? 그의 방법이 혹시 '육경의 신학'에만 타당한 것이 아닌가라는 의심이 생길 수 있다. 이에 대해 폰 라드는 다음과 같이 대답한다.

육경 다음에 계속되는 구약의 문서들은 ① 기름부음을 받은 왕들의 역사, ② 야웨에 대한 신앙적인 응답을 보여주는 시문학, ③ 예언자들이 육경에 나타난 신앙고백을 어떻게 표현해 주고 있는가로 나누어 볼 수 있겠다. 다시 말하면 구약의 문서들을 초기 이스라엘 신앙고백의 연속으로 보고 있는 것이다.

특히 출애굽 사건을 통한 야웨 하나님에 대한 구원사 이해는 이스라엘 전 역사에 가장 타당한 신앙고백이 되고 있다.

이스라엘이라는 신앙공동체가 야웨 하나님을 어떻게 믿고, 어떻게 고백했느냐에 대한 연구는 구약문서에 나타난 하나님론(論), 인간론, 세계론 등의 논리적인 이론을 밝혀주는 일과는 차원이 다르다. 그들의 신앙고백에 관심을 가진다는 것은 그들과 야웨와의 실존적인 관계를 문제 삼는 것이다. 폰 라드는 다시 이렇게 말한다. "구약신학은 야웨와 이스라엘, 야웨와 세계와의 관계를 역사 속에서 하나님이 어떤 일을 행하셨는가와 관련하여 밝혀주는 일에 국한해야 한다."

이 말은 이스라엘의 신앙이 어떤 종교인의 상상적인 이론이 아니라 근본적으로 역사적 사건 위에 서 있으며, 이러한 사건을 통해서 어떻게 그 같은 신앙을 형성하였는가를 알려준다. 이스라엘의 역사는 하나님이 이스라엘을 위하여 행하신 바를 보여주는 기록이기에 이스라엘의 신앙고백은 이러한 하나님의 역사에 기초한 것임에 틀림없다. 그 대표적인 실례가 출애굽 사건(Exodus Event)이다.

출애굽 사건이 이스라엘 역사에서 가장 중요한 사건이 된 것은 모세의 지도력이나 백성의 단결심과 협동심으로 얽혀진 동족애의 발로 혹은 불의한 압박자에 대한 영웅적인 저항정신 때문이 아니다. 출애굽 사건의 동기나 그 과정이 하나님의 사건으로, 특히 이스라엘 백성을 각별히 돌보신 사랑의 사건으로 일어났기에, 이 사건을 통하여 누구 못지않게 하나님의 이름을 기억해야 하고 모세를 높이 쓰신 하나님의 역사(役事)를 기억해야 되기에 출애굽 사건은 신앙고백의 사건이 될 수밖에 없는 것이다.

이렇듯 폰 라드는 이스라엘의 역사를 신앙고백과 연관시킴으로써 신앙고백을 구약신학의 새로운 과제로 삼았다. 이러한 하나님의 역사 또는 행동은 이스라엘을 수난에서 건지는 구원을 그 내용으로 하기에, '구원사의 사건'이라 하며, 이러한 사건들이 연속되었다는 의미에서 이스라엘의 역사는 구원사(Heilsgeschichte)가 된다.

이처럼 폰 라드는 육경의 역사를 '구원사'의 입장에서 이해하고 있다. 이스라엘은 육경에 수록된 사건들이 하나님이 이스라엘을 위하여 행하신 구원의 사건이라고 믿고 있다. 이것이 바로 그들의 역사를 신앙고백의 사건으로 보는 이유다. 구약의 역사가들은 시종여일하게 육경의 역사를 구원사의 입장에서 썼다고 폰 라드는 이해한다.

가장 오래되고 대표적인 신앙고백(신 26:5-9)을 통해 폰 라드는 계시의 역사성과 역사에 나타난 계시, 이 양자의 긴장관계를 본다. 역사는 계시의 사건 없이 생기지 않고, 계시는 역사적 바탕을 떠나서는 있지 않는다. 그리고 이 작은 신앙고백은 이스라엘 민족의 역사를 보여준다.

① 내 조상은 유리하는 아람 사람이다.
② 적은 수였지만 조상들은 애굽으로 갔다.
③ 거기서 크고 강한 민족이 되었다.
④ 애굽 사람이 이 민족을 학대했다.
⑤ 이러한 고난에서 하나님께 호소했더니, 애굽에서 인도해 내셨다.
⑥ 그들을 젖과 꿀이 흐르는 땅에 오게 하셨다.

이상 6가지 항목 속에 이스라엘 민족사의 사건들이 나열되어 있으며, 이는 역사적으로 그 민족의 운명과 관련된 중요한 사건들이다. 물론 이 6개의 사건은 이스라엘 민족사의 초기 4,5백 년 동안 일어난 사건들 중에서 선택된 것이다. 바로 여기에 이스라엘 민족의 기원과 고대 이동사와 그 수난사, 해방사 그리고 가나안 땅 정복사가 언급되어 있다. 그러나 이곳에서는 역사적인 관심뿐만 아니라, 민족의 신앙적 관심이 역사적 관심 밑바닥에 깔려있다.[175]

여기서 우리는 역사와 신앙이 서로 불가분의 관계를 가지

---

175) 김정준, 『폰 라드의 구약신학』, 93-94쪽.

고 있음을 알 수 있다. 이 신앙고백은 폰 라드에게 있어 역사의 문제는 곧 신앙의 문제임을 보여준다. 폰 라드는 이스라엘의 역사를 "역사 속에 야웨가 무엇을 하셨는가"라는 행동에 관심을 두고 하나님의 행동 속에서 구원행동을 발견해 내어, 이를 구원사적 입장에서 이해하려고 하였다. 바로 이러한 점이 그의 신학이 가진 독특한 모습이라고 할 수 있겠다.

이스라엘의 역사를 구원사의 관점에서 본 폰 라드는 구약성서를 고대 종교사의 하나로 보지 않고, 이스라엘의 역사를 통하여 자기를 계시한 하나님이 신약에서 예수 그리스도를 통하여 인류 구원의 역사를 이룩한 것으로 본다. 그리하여 폰 라드는 이렇게 말한다. "구약의 구원사의 역사는 신약으로 계속된다."[176]

하나님이 이스라엘에게 무엇을 하였는가라는 것을 구약의 중심 테마로 삼은 폰 라드는 역사를 하나님의 활동무대로 보았으며, 이곳에서 자연스레 신앙고백이 따라오며, 그 고백의 초점은 하나님의 구원행동이라고 보았다. 그리하여 이스라엘의 역사가 기록되어 있는 "구약성서는 하나의 역사서"가 되는 것이다.

폰 라드의 역사 이해는 이스라엘의 역사의식과 그들의 신

---

[176] G. von Rad, *OTT II*, 383-385쪽.

앙에 기초를 두고 있다. 그는 인간들이 행한 사건마다 하나님의 섭리에서 비롯되지 않은 것이 없다는 어거스틴의 역사철학을 성서적 지식과 자료 분석을 통해 입증하고 있다고 하겠다. 특히 그의 신학이 하나님의 구원사에 집중하고 있음도 이스라엘 역사에서 하나님의 구원의 사실을 볼 수 있기 때문이다. 결국 폰 라드의 신학은 자신의 역사 이해에 입각한 신앙고백이라 하겠다.177)

한편, 폰 라드의 구약신학이 갖는 특징은 단순히 구약에 나타난 신학사상의 체계적인 논리를 세우는 데 있지 않고, 이스라엘의 신앙을 어떻게 그들의 역사적 현실 속에서 이해하느냐에 강조점을 두었다는 데에 있다. 그의 구약신학에는 '역사(Geschichte)'라는 말이 자주 나온다. '구원사(Heilsgeschichte)' 혹은 '전승사(Überlieferungsgeschichte)', '역사적 신앙(Das historisches Credo)'은 그의 신학이 역사에 대해 얼마나 깊은 관심을 갖고 있는지를 잘 보여준다.178)

이스라엘의 신학적 활동에 대해 폰 라드는 이스라엘의 역사, 이스라엘의 구속사에 관심을 갖고 있다. 그의 말을 들어

---

177) 김정준, 앞의 책, 93-105쪽.
178) '역사, 전승사, 구원사'의 문제에 대해서는, G. Hasel, 앞의 책, 141-167쪽 참조.

보자.

> 이스라엘의 역사에 관한 두 개의 그림이 우리 앞에 놓여있다. 현대 성서비평학계의 그림과 이스라엘 신앙이 그린 그림이 그것이다. …… 전자는 합리적이고 객관적이다. 역사비평의 방법을 가지고 모든 역사적 사건의 유사성을 전제하면서, 실제로 이스라엘이 겪었던 역사를 비평적으로 재구성한 것이다. …… 후자는 고백적이고 인격적이다. 이 그림은 역사적 사건에 열정이 넘칠 정도로 깊이 개입되어 있다. 이스라엘이 영광의 기쁨에 넘치거나 후회의 감정을 가지면서 자신의 역사를 기술하지 않은 적이 있었는가? 역사비평적 연구는 '비평적으로 확인된 최소치(a critically assured minimum)'를 추구하지만, 이에 비해 고백적 그림은 '신학적 최대치(a theological maximum)'를 추구한다."[179]

폰 라드는 이스라엘 역사에 대한 이 두 견해가 '오늘날 성서학계의 가장 심각한 멍에'라고 말하면서 구약신학의 주제는 '증언으로 구성된 이 세계(this world made up of testamonies)'[180]를 다루는 것이라고 강조한다.

---

179) G. von Rad, *OTT I*, 107-108쪽.
180) 같은 책, 108-111쪽.

그는 육경의 신학이나 예언자 신학에서 '역사에 나타난 계시'에 대한 관심을 자신의 신학의 과제로 삼았다. 역사와 계시의 상관관계를 밝혀 계시의 역사성과 역사가 계시의 장소임을 밝히고 있는 것이다. 폰 라드는 이스라엘의 고대 신앙을 이스라엘의 역사적 삶의 현실 속에 구체화시킴에 있어 그 신앙이 어떠한 경로를 거쳐 후대로 전승되었느냐에 대해 관심을 기울이고 있다.

이스라엘의 신학은 그들의 과거 전승에다 어떻게 새로운 전승이 추가되는가를 밝힘으로써, 그들의 신학적인 노작이 끊임없이 그들의 삶과 관련되어 있음을 말한다. 이스라엘 신앙의 역사는 그들 신학의 역사이다. 물론 그들 스스로 신학을 체계화시켜 논리 정연한 것으로 만든 것은 아니다. 다만 역사 속에서 일어난 사건의 의미를 직감적으로 터득하려고 애썼으며, 머리로 사고하기보다는 마음으로 즉각적인 반응을 보여주었을 뿐이다. 그렇기 때문에 이스라엘 사람에게는 신학론이 없으며, 대신 신학적인 사건과 감격이 있을 뿐이다. 이스라엘은 역사의 처음부터 신학에 있어서 로고스(logos)보다 사건(event)을 더 중요시했다. 폰 라드 자신은 "이스라엘은 신학적 사고에 있어서 '사건(event)'을 '로고스(logos)'보다 앞세우고 있다"[181]고 말했다.

히브리적 사고와 헬라적 사고에는 차이가 있다. 헬라인들은 세계를 보편적으로 이해하려 하며, 우주의 획일적인 원리나 부동의 제일원리를 찾으려고 한다. 그러나 이러한 헬라적 사고방식은 히브리적인 것과는 거리가 멀다. 히브리적 사고는 역사적 전승을 통한 사고이다. 히브리인들은 전해져 내려오는 전승과 이에 대한 자기들의 해석을 어떻게 적절하게 연결하느냐에 가장 큰 관심을 가지고 있었다. 이러다 보니 다양한 전승들이 서로 짜깁기가 되고 뒤섞이게 되었다는 것이 폰 라드의 해석이다.

그들이 믿는 바를 조직적으로 체계화하기보다는 과거로부터 내려오는 역사적 사건들에 대한 전승을 받아들여 현재의 관점에서 '재해석'하고 이를 후대에 물려주는 일을 반복하였다. 전승을 통해 전해져 오는 역사적 사건들의 의미를 늘 새롭게 반성하고 반추하였으며, 이런 신학적 반성을 '해석'이라는 명목으로 제시하였다.

그래서 폰 라드에 의한 전승의 형성 과정을 보면, 첫 단계로 어느 한 전승이 형성되면 다음에는 거기에 새로운 전승이 첨가되고, 또 그 과거의 것에 오늘날 새로운 해석이 가해지고, 또한 거기에 또 새로 발견되고 수집된 다른 전승이 첨가되어

---

181) 같은 책, 116쪽. 일반적으로 '말씀'으로 번역되는 '로고스'는 '세계(우주)에 대한 보편적 이해'를 지향하는 헬라적 사유방식을 잘 드러내는 개념이다. 이와는 달리 '사건'은 역사적 전승들에서 사유하는 히브리적 사유방식을 잘 드러내는 개념이다.

새로운 해석이 시도되었다. 이러한 전승의 첨가작업은 각 시대마다 새로운 해석과 함께 진행되었다.

J 전승은 구전(Oral Tradition)에 근거하고, E 전승은 J문서에 근거하고, D 전승은 J와 E(또는 JE) 전승에 근거하고,「역대상」,「역대하」저자는 D계통의 전승에 근거하는 등 각각 자기들의 실정에 필요한 신학적인 해석을 했다. 폰 라드의 이론대로 한다면 구약의 전승은 눈 뭉치를 눈 위에 굴리는 것과 같다. 역사가 흘러갈수록 그 전승의 부피는 두터워진다. O → J → E → D → 역대기(Chronicles)의 순서로 전승이 확대되어 갔는데, 이 경우 한 전승에서 다른 전승으로 넘어가는 이유와 동기는 그 역사적 현실이 요청하는 신학적 해석에 있다.

D 시대에는 J기자나 E기자의 해석으로 만족할 수 없었다. 「신명기」기자는 "오늘 너희들은 야웨 너희 하나님의 백성이 된다"(신 9:6, 13; 31:27)는 말을 중요하게 생각했다. '오늘'이라는 말을 설교자가 청중에게 북처럼 울려준다. '오늘'은 바로 모세의 시대와「신명기」의 시대가 하나로 결합되어 있음을 의미하며,「신명기」저자는 바로 이 '오늘'이라는 역사적 현실을 중요시하고 있음을 엿볼 수 있다. 이러한 전승의 형성과정을 관찰한다면, 이스라엘의 역사를 떠나서 이스라엘의 사상세계를 운운할 수 없음을 알게 될 것이다. 이스라엘의 역사는 곧 이스라엘의 신학이 늘 품었던 관심거리였기 때문이다.

역사에 나타난 사건들이 이스라엘의 신앙과 관련된 것이었고, 그 역사의 기술은 바로 이스라엘 신앙의 기록이었다. 역사와 신앙은 이스라엘에 있어 신학의 대상으로서 항상 동일한 선상에 있었다고 하겠다. 그들의 역사적 사건에서 신학사상을 찾는 것이 이스라엘 신학자의 과업이었고, 그들의 신학에서 역사를 이해한 것이 이스라엘의 역사가들이 한 일이었다. 만일 우리가 그들의 역사적 관심을 무시한다면 이스라엘의 가장 특징적인 신학활동을 제외하는 것이 되고 말 것이다.

그러므로 구약신학은 이스라엘이 역사적 현실 속에서 어떻게 대처하였는지에 대한 탐구를 통해 형성될 수 있다. 그리고 이 탐구는 이스라엘이 당대의 역사적 현실에 맞춰 그들의 고대 전승을 어떻게 해석했는가를 살펴봄으로써 가능하다. 그들이 소유한 전승의 기록들은 모두 하나님에 대하여 그들 자신들이 무엇을 말하고 증언하고 고백했는가를 보여준다. 다시 말하면 이스라엘이 무엇을 믿었으며, 그 믿음의 표현은 어떤 것이었으며, 과거의 전승을 오늘날 어떻게 해석되었는지를 보는 것이 구약신학의 올바른 길이라는 것이다. 초대교회시절 스데반(행 7장) 혹은 바울(행 13장)이 구약을 하나님 백성의 역사로 재해석한 것과 같이 예수를 통하여 하나님의 백성이 된 오늘의 기독교인들도 구약성서의 신앙고백을 나의 신앙고백으로 밝히도록 해야 할 것이다.[182]

③ 구약과 신약의 관계성[183]

폰 라드는 한평생 구약연구에 전념한 사람이지만, 구약 자체를 위한 연구가 아닌, 신약을 위한 구약연구라는 방향을 분명히 하고 있다. 폰 라드는 『구약신학』 제2권 끝 무렵에 많은 지면을 할애하여 구약성서와 신약성서와의 관계성을 상론하고 있다. 금세기에 나타난 많은 구약학자들 중 구약과 신약의 관계를 따로 상론한 사람은 그렇게 많지 않다. 데이빗슨(A. B. Davidson)은 『구약신학』에서 구약과 신약 속에 나타난 '하나님의 왕국'이라는 사상을 역사적으로 탐구한 노력은 보여주지만 구약과 신약의 관계성을 따로 논하지는 않았다.

아이히로트는 이 문제를 전혀 취급하지 않았고, 바압(O. Baab)은 두 성서의 관계성을 논한 짤막한 하나의 장이 있을 뿐이다. 프록쉬는 『구약신학』 첫 머리에 "모든 신학은 기독론이다"라는 말로써 구약과 신약의 관계성을 간단하게 취급했다. 프리젠도 『구약신학개론』 첫 머리에 '그리스도의 교회와 구약성서'란 제목 아래 양 성서의 관계성을 논했다. 폰 라드는 이러한 구약신학자들과는 달리 신약과 구약의 관계성을 매우 깊이있게 다루고 있다. 그 분량에 있어서나 내용에 있어

---

182) 김정준, 앞의 책, 84-92쪽.
183) 구약과 신약의 관계에 대해서는, G. Hasel, 앞의 책, 207-231쪽 참조

서, 두 성서의 관계를 성서신학의 기본적인 문제로 다루고 있음을 주목해야 한다.

두 성서의 불연속성을 강조하는 대표적인 학자는 불트만(R. Bultmann)이다. 그는 구약의 역사를 '실패의 역사'로 봄으로써 두 성서의 관계를 결정내렸다. 그는 루터교의 율법과 은총의 구분과 현대 그리스도 중심주의를 따르면서, 구약은 '유산된 역사'이며 이 실패가 일종의 약속이 되었다고 보았다. "구약성서는 옛날이나 지금이나 유대인에게는 하나님의 계시이나 기독교인에게는 더 이상 계시가 아니다." 따라서 구약은 신약의 전제(presupposition)일 뿐이지, 그 이상도 그 이하도 아니다. 이와 같이 불트만은 구약과 신약의 완전한 신학적 불연속성(discontinuity)을 주장한다.[184]

구약과 신약이 서로 상관되었다는 것을 밝히는 폰 라드의 논술은 그 자신의 신앙고백에 근거하고 있다. 그는 나치정권이라는 어려운 시절에도 구약을 연구하고 가르치고, 또 이와 관련된 책을 출간했다. 구약을 어떻게 알고 믿느냐라는 문제보다 구약과 신약을 어떻게 믿고 행동하느냐라는 문제를 생각한 그의 성서관이 그의 신앙고백과 직결되어 있었던 것이다. 구약의 기자들과 그 신앙공동체의 신앙고백을 구약에서 찾아보는 것

---

184) 같은 책, 208-210쪽.

을 구약신학의 과제로 한 자신의 학문적인 방법도 구약의 사건이 어떻게 신약을 믿는 자신의 신앙에서 받아들여질 수 있는지에 대한 관심에서 비롯되었음을 볼 수 있다.185)

그가 구약과 신약의 관계성을 논술하는 출발점은 '구원사(Heilsgeschichte)'이다. 그는 구약성서를 구원사의 책으로 이해하고 있다.

> 구약성서는 하나의 역사서이다. 구약성서는 세계의 창조로부터 마지막 때, 즉 세계의 지배권이 인자(Son of Man)에게 넘겨질 때까지 하나님께서 이스라엘과 민족들 및 세계와 함께 한 역사에 관해 말한다(단 7:13 이하). 이 역사를 구원사로 부르는 이유는 이미 창조가 하나님의 구원으로 이해되기 때문이며, 예언자들의 예언에 의하면 하나님의 구원의지가 많은 심판에도 불구하고 그 목표를 성취했기 때문이다. 이 구원사는 이스라엘의 역사와 함께 시작되었다.186)

조상을 택하고 그 자손과 더불어 언약을 맺은 이러한 특수한 구원행동에서 이스라엘은 하나님이 어떤 분인가를 알게 되었다. 이스라엘의 역사에서 볼 때 하나님의 구원은 말씀과

---

185) 김정준, 앞의 책, 135-136쪽.
186) G. von Rad, *OTT II*, 357-358쪽,

행동, 두 면을 언제나 함께 보여주고 있다. 구약의 계시는 항상 그의 말씀과 행동, 이 양면성을 가지고 있다. 이것을 폰 라드는 "역사는 말씀이 되었고, 말씀은 역사가 되었다"[187]라고 말한다.

그런데 구약의 전승을 자세히 살펴보면 역사 속에서 행동하신 하나님의 사건에 대해 이스라엘은 그때마다 신학적인 반성(사고)을 했음을 확인할 수 있다. 이미 언급했듯이 J기자는 나름의 신학적인 반성을 했고, 같은 사건이라도 E기자는 또 다른 각도에서 신학적인 반성을 했다. 나아가 P기자는 J기자나 E기자와는 또 다른 신학적 반성을 했고, 역대기 기자는 D기자를 반복하기도 하고 또 자기 고유의 신학적인 반성을 하기도 했다. 이렇게 보면 구약의 기사들은 이스라엘 초기부터 사건 하나하나에 대한 신학적 반성을 거쳐 오늘날의 모습으로 이루어졌다고 할 수 있겠다.

이러한 신학적 반성이라는 것은 "하나님이 이스라엘을 어떻게 대하고 있는가?"에 대해 고민하는 것, 즉 자신들의 신학적 해석을 말한다. 그리고 신약의 기자들 또한 구약의 사건을 가지고 나름대로의 고유한 신학적인 사고를 하고 있다. 이스라엘의 역사를 저들이 가진 새로운 구원사의 사건을 근거로

---

187) 같은 책, 358쪽.

새롭게 해석을 하고 있는 것이다. 그것은 말하자면 주 예수 그리스도가 이스라엘의 역사를 어떻게 해석하고 있느냐를 밝히는 것이다. 예수는 구약에 나타난 사건들을 구약 기자들의 해석으로 끝마칠 것이 아니라 자신을 통하여 이룩하신 하나님의 구원사의 사건에서 해석해야 된다는 최종적인 기준을 세우셨다.[188]

이것은 구약 자체가 이미 구약에 국한할 것이 아니라, 구약을 넘어 미래를 향하여 열려 있다는 것을 증거하고 있다. 구약에 나타난 야웨와 이스라엘과의 관계가 예수 그리스도의 오심과 관련되어 있음이 여러 모양으로 나타났다. 이것은 구약에 있는 구원사의 사건과 신약에서 이룩된 새로운 구원사의 사건이 접촉하고 있고 통일성의 접점을 찾을 수 있다는 근거를 세워준다. 이 구원사는 신구약성서에서 '구조적인 유사점(structural analogy)'[189]을 가지며, 말씀과 행동으로 표시된 하나님의 계시를 구약과 신약에서 모두 볼 수 있다는 것을 증명하고 있다.

복음서 기자들과 사도들은 이스라엘에게 나타난 하나님이 "때가 이르매 그의 아들을 보내신"(갈 4:4) 하나님임을 확신했기에 구약의 구원행동을 예수의 구원행동과 연관시켜 이해

---

188) 김정준, 앞의 책, 136-138쪽.
189) G. von Rad, *OTT II*, 363쪽.

했다. 이것은 곧 구약성서를 '유형론적'[190]으로 이해하는 것이다. 이스라엘의 유형론적 이해는 고대 근동의 신화나 사변을 근거로 하지 않고 역사와 종말론에 근거해서 발달되었다.

'모형(type)과 대형(antitype)'이라는 유형론적 생각은 '출애굽 사건'에 관한 이해에도 적용되었다. 즉 원-출애굽 사건과 이와 동일한 바벨론 포로에서 귀환하는 일(새 출애굽), 다윗에 관한 역사적인 사건과 종말적인 의미의 다윗(새 다윗-예수 그리스도) 등은 모두 구약 안에 있는 일종의 유형론적 사고라 할 수 있다. 신약성서 기자들(바울, 「히브리서」 기자, 복음서 기자)은 이러한 방식을 구약과 신약의 관계성을 이해하는 첩경으로 삼았다.

초대 기독교는 이 유형론적인 사고에 의하여 구약의 유산을 이해했다. 구약에서 '이스라엘 백성의 종교'라는 것은 개념적으로는 결코 이해될 수 없다. 다만 구약을 이해함에 있어서 이스라엘 역사에 나타난 하나님의 구원행동으로 이해하는 것이 이스라엘의 종교적 개념이나 체계적인 사상으로 이해하는 것보다 정확하다 하겠다. 그러므로 구약으로 하여금 그 자신을 말하게 한다면, 결국 거기에서 하나님의 행동하심과 만

---

[190] '유형론적 구약해석'에 대해서는, 폰 라드. 박문재 옮김, 「구약의 모형론적 해석」, ed. C. Westermann, 『구약해석학 Essays on Old Testament Hermeneutics』, 서울: 크리스챤다이제스트, 1995, 17-40쪽 참조.

나게 될 것이다. 하나님의 행동은 구원에 초점이 맞춰져 있다. 구약에서 예수 그리스도가 장차 오실 것을 말했다고 할 때, 거기에는 하나님의 새로운 구원이 함축되어 있다. 그리스도가 이 세상에 오실 것을 구약이 미리 말했고, 그 약속의 말씀이 신약에서 이루어졌다는 점에서 구약과 신약은 서로 상관관계를 가지게 되는 것이다.

그러므로 결론적으로 구원사의 사건에서 신약과 구약이 상관관계를 가지며, 통일성을 가진 한 권의 책으로 신구약성서를 읽을 수 있게 된다. 구약에 있는 하나님의 말씀과 행동이 그리스도 안에서 구원사와 직결되어 있기 때문이다. 신약은 구약의 약속이 예수 그리스도 안에서 성취되었다고 본다. "이 글(구약)이 오늘(신약시대) 너희 귀에 응하였느니라"(눅 4:21). 그리스도의 교회는 이러한 관계성의 인식을 항상 반복해야 한다. 구약에 나타난 사건들은 신약에 나타날 구원사를 위한 '모형(types)'이며, 또 구약의 구원사는 장차 오실 예수 그리스도를 통하여 계시하신 신약을 향하여 열려 있는 사건이다.[191]

그러므로 구약은 그리스도가 오심으로 이룩하신 구원사건을 교회로 하여금 이해케 하는 열쇠가 되어, 구약과 신약의 상호관계는 유기적임을 알려준다. 즉 구약은 그리스도의 빛

---

[191] G. von Rad, *OTT II*, 383-384쪽.

아래에서 이해되어야 하고, 그리스도를 이해하기 위하여 구약이 해석되어야 한다. 그러므로 기독교는 구약을 떠나서는 생각할 수 없다.192)

신약성서의 중심(통일성)은 '예수 그리스도'라고 확고하게 말할 수 있는 반면에 구약성서의 중심 개념193)은 무어라 말하기가 쉽지 않다. 폰 라드 또한 구약성서의 중심과 통일성에 대해 회의적이거나 부정적인 입장을 갖고 있다. 왜냐하면 "구약성서는 신약성서처럼 중심을 가지고 있지 않기 때문이다."194) 개개의 역사적인 증언들은 사상적인 중심을 이루지도, 동

---

192) 김정준, 앞의 책, 139-145쪽.
193) 이를테면 구속, 야웨를 아는 것(에발트), 하나님의 거룩하심(딜만, 헤넬), 하나님의 다스리심(제바스), 하나님의 주권(헬러), 살아계시고 행동하시는 하나님(쟈꿉), 하나님이 명령하시는 주라는 사실(쾰러), 선택하시고 책임 지우시는 하나님이신 야웨(프로이스), 약속(W. C. 카이저), 언약(아이히로트), "야웨는 이스라엘의 하나님, 이스라엘은 야웨의 백성"이라는 언약 문구(스멘트), 시내산 언약과 다윗 언약(프루스너), 하나님과의 사귐과 하나님 나라(포러), 선택사상(빌트베르거), 거룩하신 하나님과 인간의 사귐(프리젠), 하나님과 인간의 완전하고도 종교적인 윤리적 사귐(자이어스타드), 하나님과 백성은 구약신학이 움직이는 두 축이다(포티어스), 하나님의 현존과 은폐(테리엔), 하나님의 계획과 의도(마르텐스), 야웨의 한결같으심, '나는 야웨라'(침멀리), 십계명의 제1계명(베르너 슈미트), 「신명기」(헤르만), 토라(오토 카이저) 등등 (박동현, 『구약학개관』, 서울: 장로회신학대학 출판부, 2003, 151-152쪽; G. Hasel, 앞의 책, 169-205쪽 참조).
194) G. von Rad, *OTT II*, 286쪽.

일한 계시사건에 의존하지도 않는다. 그것들은 각기 특수한 역사적 상황에 관련되어 있기에 각양각색이다. 이러한 통찰은 폰 라드로 하여금 '무중심성을 중심으로(die Mittelossigkeit zur Mitte)'라는 개념을 만들어 내게 했다.195)

『구약신학』에 대한 평가 및 전망

① 『구약신학』에 대한 비평

먼저 폰 라드의 『구약신학』을 소상히 평가한 제임스 바아(J. Barr) 교수의 비평을 들어 보자. 폰 라드가 다른 구약신학에 반대한 가장 큰 이유는 그들이 무의식적으로 역사적 배경을 상실해 버렸다는 데 있다. 그러나 실제로 아이히로트와 같은 신학자들에게 있어서 역사적 배경이 완전히 상실되어 버렸는지에 대해서는 의심스럽다. 왜냐하면 아이히로트는 개개의 주제들을 역사적 범주 안에서 취급하고 있기 때문이다.

또한 그가 '신앙세계'나 '정신세계', 그리고 '히브리 개념'

---

195) B. H. Schmidt, 「폰 라드 이전과 이후의 구약성서 신학」, G. von Rad, 『구약성서 신학』(제3권), 366-367쪽. 폰 라드의 『구약신학』(제1, 2권)이 구약 정경의 처음 두 부분(율법서와 예언서)에 상응한다면, 사실 정경의 제3부(성문서)에 속하는 속편이 나와야 했었다. 그러므로 폰 라드가 근자에 『이스라엘의 지혜 *Wisdom in Israel*』(London/Nashville, 1972)에 관심을 기울인 것은 우연이 아니다.

을 통한 연구방법을 극복하는 데 성공했는지의 여부 또한 몹시 의심스럽다. 가령 '때(Time)에 대한 특수한 히브리적 이해'를 장황하게 서술한 점, '의(義)'라는 개념을 위해 한 장(章)을 할애한 점, '세계와 인간에 대한 구약적 이해' 등등. 마찬가지로 '야웨 앞에서의 이스라엘'(*OTT I*, 354-459)이라는 장(章) 역시 폰 라드 자신의 방법론과는 맞지 않는다. 그러므로 그가 구약신학의 필수조건을 상실했다고 비판했던 방법론을 그 자신이 차용하는 오류를 범하고 있는 것이다. 결국 역사적 설화들을 고려한 채로 구약신학을 서술해야 하며 '정신세계'에 매몰되지 말아야 한다는 그의 주장은 성공하지 못했다.

한편, 폰 라드는 '구원사'를 가장 주요한 개념으로 삼고 있음에도 불구하고, 이 '구원사'를 비평학적으로 취급하지 아니한다. 즉 구약에 구원사의 개념으로 통하는 자료가 있는 것이 사실이나, 반드시 거기에 통하지 않는 내용도 있다. 이러한 자료들까지도 모두 구원사란 잣대를 갖고 보는 것은 어떤 사실을 강제로 꿰어 맞추는 것에 불과한 것이 아닌가 ……. 이미 언급했듯이 '구원사'란 개념이 구약의 모든 주제들을 다 포괄할 수는 없다.

창조설화에 관한 것도 문제이다. 창조설화를 부차적인 것으로 해소해 버리는 구원사에 대한 이해가 과연 정당한지를 묻지 않을 수 없다. 바로 이러한 점에서 헤세(F. Hesse, *Kerygma und Dogma iv*, 1958)는 "구원사란 개념 안에 함축된 몇 가지 난점들"을 지적한다. 참된 구원사는 실제로 발생했던 사건들 속에 포함되어 있는 것이며, 이는 성서가 말해 주는 사건과 일치하지 않는다는 것이며, 바로 이것이 그가 지적한 폰 라드의 허점이다.

폰 라드 자신의 체계에 따르면 "구약으로 하여금 그 자체를 말하게 하라", 즉 "이스라엘 자신이 야웨에 대하여 직접 고백적으로 선포하고 있는 것"을 규명해야 한다. 그러나 그 자신의 저작은 실제로 이런 입장에서 출발하지 않고, 대체로 '구약본문이 말하는바'와 이를 비평적으로 연구한 '전통의 입장'을 관련시켜 연구하고 있으며, 이는 「신명기」 연구에서 찾을 수 있다. 바아는 헤세가 옳다는 것을 주장하려는 것이 아니라, 단지 폰 라드 자신이 구원사를 매우 독특하게 서술하려 했음에도 불구하고 통일적인 의미를 주는 데 실패하고 말았다는 점을 지적하려 한 것뿐이다.[196)]

김지찬 교수는 『구약신학』 제1권의 '야웨 앞에서의 이스라엘' 부분에서 폰 라드는 자신의 전승사적 방법론을 채택하지

---

196) James Barr, "Recent Biblical Theologies VI. Gerhard von Rad's Theologie des Alten Testaments", *Expository Times*, 73 (1961~1962), 142-146쪽(김정준, 앞의 책, 169-176쪽에서 재인용).

않았다는 점을 주목해야 한다고 말하면서, 이러한 사실은 그의 전승사적 연구방법이 구약의 전체 자료를, 적어도 「시편」과 지혜문학을 충실하게 소화할 수 없음을 반증하는 것이라며 비판한다.197)

데이비스(G. H. Davies)는 폰 라드가 그의 신학을 역사신조를 중심으로 엮어나가면서, 다른 한편으로는 제의 기억과 제의 축제에 대한 관심, 그리고 구원 역사에 대해 집착했다고 말하는데, 이것은 결국 그로 하여금 일반 역사(Historie)를 등한히 했다는 비판을 받게 되었다. 이 같은 비판은 폰 라드의 저서가 구약신학이라기보다는 전승 역사의 연구라고 보는 편이 낫겠다는 평까지 나오게 했다.198)

또한 크렌쇼(J. L. Crenshaw)에 따르면 폰 라드 스스로 "자신의 신학은 사실상 이스라엘 종교의 현상학이다"라고 시인했다는 것이다. 웬함(G. Wenham)에 의하면 폰 라드의 전승사 방법론이 실제로 진정한 구약신학을 제시했다기보다는 또 하나의 이스라엘 종교사를 제시한 것이라고 주장하였다.199) 폰 라드는 본문을 통시적 방법(diachronic method)200)으로 다루고

---

197) 김지찬, 앞의 글, 112-113쪽.
198) 장일선, 앞의 책, 440쪽.
199) 김지찬, 앞의 글, 123쪽.
200) 구약신학방법론 중 중요한 몇 가지 방법론을 제시하면 다음과 같다. ① 서술적 방법(descriptive method), ② 고백적 방법(confessional

있기에 정경적 형태로 해석되어져야 하는 구약의 독특한 메시지를 놓치고 말았던 것이다.

구약신학이라는 이름에 걸맞은 저서를 쓰려면 성경본문의 메시지를 본문의 최종 정경형태에 따라 해석하여 종합하는 일을 했어야 한다고 생각한다. 그러나 폰 라드는 자신의 통시적 접근법으로 인해 "성경 저자들의 마음에 그러한 종합이 존재했는가?"라는 의문을 제기하지 않을 수 없었으며, 결국 "본문 안에 그러한 종합이 존재하지 않는다"는 결과에 도달할 수밖에 없었던 것이다.[201]

한편, 폰 라드의 유형론적 성서해석에 대해 잠시 생각해 보자. 유형론적 성서해석이란 구속사의 미명 아래 신앙고백적인 관점에서 그리스도의 사건과 구약성서간의 '구조적 일치'를 강조하는 것으로, '살아있는 역사(living history)'를 신구약 간의 아날로기(analogy)의 대비로 그치게 되어 결국 역사의 비역사화가 표출될 위험성을 지니고 있다. 구약의 모형(type)과 신약의 대형(antitype) 사이의 피상적인 분자의 유사성이나 개념과 비슷한 것을 찾아내는 정도로 만족하는 따위의 유형론적

---

method), ③ 단면적 방법(cross-section method), ④ 통시적(通時的) 방법, ⑤ 경전적 방법(canonical method) 등(장일선, 앞의 책, 420-431쪽; 더 자세한 연구는, G. Hasel. 앞의 책, 43-140쪽 참조).
201) 김지찬, 앞의 글, 123쪽.

인 구약해석은 비역사적인 것이 될 위험성이 농후하다.202)

또한 구약성서를 하나의 체계로 묶을 수 있는 중심 개념이 있느냐라는 문제에 대해 폰 라드는 후기에 오자 그렇게 완강하게 거부하지는 않았다. 그는 "'야웨가 구약성서의 중심이다'라고 말할 수 있다"203)고 하였다. 게다가 최근에는 "이스라엘의 한 분 하나님 야웨"를 구약성서의 중심으로 보는 경향이 커지고 있다.204)

② 구약신학에 대한 공헌

폰 라드의 『구약신학』은 아이히로트의 『구약신학』과 함께 20세기 최고의 '구약신학'에 관한 저술로 손꼽히고 있다. 폰 라드는 자신의 신학이 "최근 20년 또는 30년 사이에 일어난 개론연구와 성서신학 사이의 놀라운 통합"205)으로 본다. 이러한 사실을 통해 그의 책이 광범위한 인기를 얻고 있다고 할 수 있겠다.

---

202) 조성호, 앞의 글, 79쪽.
203) G. von Rad, *TLZ*, 88(1963), 406쪽(G. Hasel, 앞의 책, 177쪽에서 재인용).
204) G. Hasel, "Major Recent Issues in OT Theology", *JSOT* 31 (1985), 40-51쪽; W. Zimmerli. 문희석 편, 『사회학적 구약이해와 구약 중심점 문제』, 신학총서 구약편, no. 1, 서울: 장로회신학대학 출판부, 1981, 79쪽.
205) G. von Rad, *OTT I*, v쪽.

헤이스와 프루스너는 "폰 라드의 이러한 위압적인 저서를 비판한다는 것은 거기에서 배울 점이 너무나 많기에 매우 힘든 일이다"206)라고 말한다. 덴탄(R. C. Dentan)은 폰 라드의 『구약신학』에 대해 "그의 책은 구약신학으로서 만족할 만한 책이라는 장점보다는 구약학의 다양한 분야에 있어 공헌하고 있는 가치 있는 책"207)이라고 말한다. 아이히로트는 폰 라드의 『구약신학』에 대해 이렇게 평가한다.

> 1960년에 완간된 폰 라드의 『구약신학』은 구약학이 직면하고 있는 모든 과제들 중에서 가장 중요한 문제들을 아주 독특하고 의미심장하게 다루고 있기 때문에 구약신학의 문제들과 방법들에 관한 논의에서 새로운 국면을 열어놓고 있음이 분명하다. 그의 책은 성서 기자들의 사상과 신앙의 세계 전체에 대한 철저한 연구의 산물이다.208)

김지찬 교수는 폰 라드의 신학이 단점보다는 장점이 많다고 하면서, 그가 구약학에 끼친 공헌을 다음과 같이 몇 가지로 요약해 보았다. ① 인간을 하나님 앞에서 찬양하는 존재로 보는 인간론, ② 지혜문학을 야웨주의의 한 형태로 보는 견해,

---

206) J. H. Hayes & F. C. Prussner, 앞의 책, 273쪽.
207) R. C. Dentan, 앞의 책, 80쪽.
208) W. Eichrodt, *OTT I*, 512쪽.

③ 예언자들의 메시지의 특징에 대한 그의 견해, ④ 예언자들의 소명 내러티브에 대한 이해, ⑤ 예언자들의 환상의 목적에 대한 견해, ⑥ '종말론'이란 용어에 대한 그의 견해, ⑦ '야웨의 날'에 대한 견해.[209]

한편, 바이는 폰 라드를 비평하는 글에서 폰 라드의 『구약신학』을 간략히 요약한 후에, 구약의 신학적 증언(witness)의 기초는 '구원사'이기에 "구약신학은 이 구원사를 거듭 말해야 한다"는 것이 폰 라드에게 있어 가장 중요한 원리라고 말하였다. 환언하면 『구약신학』은 역사적 형태로 서술되어야 한다는 말이다. 따라서 구약에 관한 신학적 설명의 가장 정당한 형태는 언제나 재서술이어야 한다. 이스라엘은 역사적 사건을 서술함으로써 자신의 신앙을 고백했다. 이외에 다른 어떤 방법으로도 고백될 수 없으며, 다른 체계적 구성으로서도 고백은 재구성할 수 없다.

바로 이런 점이 최근에 나온 구약신학에 관한 저작들과 폰 라드의 저작이 가진 차이이며, 독특한 특색이기도 하다. 지금까지 출간된 구약에 관한 저작 가운데 폰 라드의 방법과 가장 유사한 것은 라이트(G. E. Wright)의 『행동하시는 하나님 *God*

---

209) 김지찬, 앞의 글, 118-119쪽.

who acts』(1952)일 것이다. 하지만 구약신학 분야에서 중요한 책으로 손꼽히는 아이히로트의 저작도 폰 라드의 체계와는 많은 차이를 보이고 있는 것으로 보인다.

폰 라드의 공헌을 다른 각도에서도 평가할 수 있다. 지금까지 나온 구약신학은 대체로 자료선택의 원리(Principle of Selectivity)를 내세운다. 종교사 연구와는 다르게 '신학'은 '영속적'이고 '구약에 골고루 퍼져 있는 것', 즉 '기본적인 요소들'에 주의를 집중시켜야 한다. 따라서 신학은 구약사상의 '기본적 구조(Basic Structure)'를 밝혀 내야만 한다. 동시에 이런 자료선택의 원칙이 구약연구에 있어 가장 치열한 논란의 대상이기도 하다.

폰 라드는 몇몇 특정한 자료만을 선택하고 그 외의 것은 제외시키는 연구방법을 배격했다. 그는 전승자들(traditionalists)이 구원사와 관련시켜 모든 자료들을 어떻게 처리했는가를 밝히고 있다. 그리고 바로 이런 방법을 통해 자료의 취사선택이 실제로는 매우 불필요하다는 것을 보여주고 있다고 확신했다. 그러나 그의 이러한 확신이 실제로 어느 정도 정당했는가라는 것이 문제이다. 본문주석이 구원사와의 관계를 설명하기 위하여 무리하게 왜곡될 수도 있으며 별로 주목할 필요가 없는 자료들로 인해 구원사를 극도로 제한된 범위에서 사용할 수도 있다. 이렇게 될 때 구원사 방법은 무의식적으로 새로운 선택의 원리가 되는 것이다.

따라서 구약신학은 한편으로는 아이히로트와 같이 성서의 기본 사상을 규명하려는 방법과 또 다른 한편으로는 폰 라드가 시도했던 바와 같이 다양한 본문의 신학적 의도를 그들의 역사적 삶 속에서 규명하려는 방법이 있는데, 이 두 가지 중 그 어느 것도 구약신학의 모든 문제를 포괄적으로 규명할 수는 없다.

바아는 폰 라드의 신학을 비평하면서 '전승의 핵심으로서의 말씀'을 등한히 했다고 지적했다. 그러나 폰 라드는 하나님의 '말씀(로고스)'과 '행동(사건)'을 구별하지 않았다. 그의 역사적 행동에는 반드시 그의 말씀이 따르기 마련이다. 폰 라드의 신학구조는 '말씀의 신학'의 경향이었던 '로고스' — 종교사상, 개념 등 — 에 우위를 둔 신학구조와는 달리 '사건'을 '로고스' 위에 둔 신학구조라 할 수 있겠다.

끝으로 바아는 이렇게 말한다. "분명히 폰 라드의 이 책은 구약신학의 연구에 있어 위대한 책들 중의 하나가 될 것이며, 이러한 종류의 거작은 더 이상 나오지 않을 것이라는 사실을 지적하고 싶다. 구약신학의 앞으로의 과제는 훌륭한 주석서를 출판해 내는 일이며, 다른 한편으로 이 주제에 대한 논리적이고 더 깊은 연구가 될 것이다."[210]

---

210) 김정준, 앞의 책, 167-178쪽에서 재인용.

아무튼 폰 라드의 『구약신학』은 많은 약점에도 불구하고 구약신학이라는 이름으로 나온 저서들 가운데 가장 훌륭한 저서 가운데 하나임에는 분명하다. 더욱이 당시 독일 성서학계가 "구약은 현재 독일 기독교에 할 말이 없다"고 말할 정도로 열악하고 불리한 상황 가운데서 그가 일하고 살았던 사실을 돌이켜 보면, 구약을 당시의 독일인들에게 유용한 것으로 제시하려고 부단히 애를 썼던 그의 노력은 높이 평가할 만하다. 폰 라드가 "구약성서야말로 독일인을 위한 하나님의 말씀이다"라고 주장한 것은 나치정권에 대한 하나의 선전포고나 다를 바가 없었다.[211] 이 점에서 우리는 그의 저서를 호의적인 눈으로 보지 않을 수 없을 것이다.

③ 구약신학에 대한 전망

폰 라드 이후 그처럼 구약신학을 체계적으로 정리한 거물이 아직까지 나타나지 않고 있다. 70년대 이후로 구약신학에 대한 관심이 급증하였는데, 이에 대해 하젤은 70년대 10년간 출판된 구약신학에 관한 서적들은 과거 200여 년에 걸쳐 발표된 것보다 더 많다고 하였다. 그는 이 시기의 구약신학에 관한 서적들을 검토한 결과 구약신학의 방법론이나 범위, 목

---

211) 김정준, 『구약신학의 주제와 방법』, 만수 김정준 논문집(4), 서울: 한국신학연구소, 1989, 47쪽.

적, 기능, 문맥적 상황 등에 있어 어떠한 합의점도 찾지 못하고 전에 없는 복합성을 드러내고 있다고 보고 있다.

폰 라드 이후 시대(Post-von Rad era) 구약신학의 방법론이 커다란 문제로 대두되고 있다. 그런데 놀라운 사실은 구약신학의 패러다임(paradigm)이 '역사'에서 '언어', 즉 통시적(diachronic) 연구방법에서 공시적(synchronic) 연구방법으로 그 축이 바뀌고 있다는 것이다. 이 같은 성서비평방법에서 일어난 변화는 가히 '혁명적'이다. 통시적 연구는 본문에서 저자로 향하는 '역사 이전(pre-history)'의 연구이고, 공시적 연구는 본문에서 독자 쪽으로 향해 오는 '역사 이후(post-history)'의 연구가 된다. 통시적 연구방법은 성서비평의 전통적인 방법들로서 자료비평, 양식비평, 편집비평이 이에 속한다. 공시적 연구방법은 최근에 나온 성서비평방법으로서 사회과학적 비평, 정경비평, 수사학적 비평, 구조주의 비평, 설화비평, 독자-반응 비평 등을 들 수 있다.[212]

앞으로 구약신학의 방향은 '이야기 신학방법'이 될 것으로 전망하고 있다. 이야기가 구약성서의 가장 핵심적인 카테고리이며 구약은 인간을 위한 하나님의 이야기로 볼 수 있다는 점

---

[212] 이에 대한 자세한 내용은, Stephen R. Haynes & Steven L. Mckenzie. 김은규·김수남 옮김, 『성서비평 방법론과 그 적용』, 서울: 대한기독교서회, 1997, 참조.

은 제임스 바아가 1962년 프린스턴신학교 교수 취임강연에서 이미 밝힌 것이다. 바아는 그 후 다른 논문에서 구약신학의 틀을 역사가 아닌 이야기라고 보았다. 또한 클레멘츠는 앞으로의 구약신학의 방향이 '이야기 신학방법'이 될 것으로 전망하고 있다. 그는 구약성서가 이야기책이라는 사실을 인정하고 그 이야기 속에 담긴 신학적인 의미를 찾아야 한다고 주장한다.213)

세계 구약학계에도 폰 라드의 시대는 서서히 지나가고 있는 것 같다. 그러나 아직 폰 라드의 전승사적 방법론을 대치할 만한 뚜렷한 방법론이 학계의 만장일치로 받아들여진 상태는 아니다. 다만 역사의 패러다임이 언어로 바뀌면서 전혀 새로운 시대가 도래하고 있다는 것만을 암시할 뿐이다. 그렇다고 윙크(Wink)가 지적한대로 "역사비평방법은 파산되었다"고 선언할 단계도 아니다.

우리나라의 경우는 아직도 성서비평 이전에 속해 있다. 기독교 사회문제연구원의 설문조사에 따르면 평신도 중에서 축자영감설을 지지하는 수가 92.3%로 나타나고 있다. 이 같은 통계는 한국 기독교인의 근본주의적 신앙상태를 여실히 보여주고 있다고 할 수 있겠다.214) 이러한 상황에서 공시적 연구

---

213) 장일선,「구약학계의 세대교체와 폰 라드 이후의 구약신학의 위상」,『한신 논문집』(제6집), 1989, 9-18쪽.
214) 서광선,「한국 그리스도교인의 의식구조」,『신학사상』 41집 (1983년 여름), 252쪽.

방법이 역사비평방법 이전 시대로 되돌아간다는 것은 근본주의적 축자영감설을 옹호할 위험성을 내포하고 있다.

그러므로 우리가 제시할 수 있는 길은 역사비평방법이 틀렸다거나 또는 공시적 연구방법만이 유일한 해석방법이라는 것을 주장하기보다는 성서해석의 다양성을 적용해야 한다는 것이다. 바이는 구조비평만으로는 신학을 할 수 없으므로 역사비평의 도움을 받아야 한다고 주장한다. 앤더슨("Tradition and Scripture in the Community of Faith", 1981)도 1980년 Society of Biblical Literature(성서학회) 회장 취임강연에서 신앙공동체는 역사비평방법으로 얻을 수 있는 전승과 공시적 연구방법으로 얻을 수 있는 경전을 분리할 것이 아니라, 이 양자 모두를 공유해야 한다는 것을 강조하고 있다.

신앙공동체는 그들이 처한 구체적 상황에서 그들에게 필요한 부분만을 성서에서 찾게 되나 성서는 여러 측면을 지니고 있는 다이아몬드와 같다. 신앙공동체는 성서를 공동체의 책으로서 어느 한 부분만 볼 것이 아니라 성서 전체가 말하는 하나님의 음성을 들어야 할 것이다.[215]

---

215) 장일선, 앞의 글, 21-22쪽.

맺는말 : 실존적 신앙고백과 구원사의 신학

오늘날 우리는 과학과 기술의 엄청난 발전과 더불어 삶에 혁명적인 변화를 가져다 주고 있는 정보화 시대에 살고 있다. 또한 기존의 가치관을 가차없이 허무는 급격한 변화와 다양성, 종교적 다원주의를 시대정신으로 하는 포스트모더니즘(Post-Modernism) 시대를 살아가고 있다. 따라서 그 어느 시대보다도 21세기는 자아정체성(Self-Identity)의 혼돈을 경험하게 되는데, 기독교인 또한 예외가 아니다. 이러한 시대 속에서 건전한 신앙과 신학을 갖고 기독교적 정체성을 확립하는 일은 기독교인뿐만 아니라 기독교회의 시대적 과제가 아닐 수 없다.

이러한 때에 누군가가 내게 "21세기가 시작된 이 시점에서 지난 20세기 구약신학자인 폰 라드를 다시 읽어야 할 까닭이 어디 있느냐?"고 묻는다면 난 이렇게 대답하리라. "실존적(實

存的)인 신앙고백과 구원사의 신학이 이 시대에 다시 요청되기 때문이다."

김우창 교수는 김지하의 시집 『중심의 괴로움』을 해설하며 이렇게 말했다. "김지하의 삶과 시의 특징은 실존적인 철저성에 있다. 그가 어떤 이념적인 경향을 가진다 하더라도 그것은 밖으로부터 체계로서 또는 기성 개념의 다발로서 넘겨받은 것이라기보다는, 스스로의 사고 과정을 통해서 또는 무엇보다도 그 자신의 삶을 통해서, 그리고 그의 생각을 실행하는 정치적 저항 속에서 생각되고 육화(肉化)된 것이다. 이러한 실존적 성격이 그의 시에 다른 어떤 이념적 시보다 높은 진솔성을 부여한다."216)

폰 라드의 신학이 우리를 감동시키는 것은 그의 신학과 삶이 괴리되지 않은 실존적 철저성에 기인하고 있다는 데에 있을 것이다. 인간 히틀러가 우상화되어가고 유대인 대학살(holocaust)이라는 인류 역사상 유래 없는 비극적 상황(필자는 2003년 7월 4일 폴란드의 아우슈비츠 수용소를 방문하여 이를 눈으로 확인하였다)을 연출한 독일 나치(the Nazis)시대에 폰 라드는 하나님의 말씀인 성경을 가르치는 교수(교수에 해당하는 'professor'라는 말은 '신앙고백자'라는 뜻을 가지고 있

---

216) 신경림, 『신경림의 시인을 찾아서』(2), 서울: 우리교육, 2002, 21-22쪽.

음)의 길을 택하였다.

그리하여 유대인의 성서인 구약성서를 연구하면서 '하나님 앞에서(Coram Deo)' 치열한 실존적 고민을 하는 가운데 나온 것이 그의 '신앙고백(Credo)의 신학'이었다. 그리고 루터가 '개인적인 구원론(救援論)의 문제'로 씨름하면서 그 시대의 중심문제와 맞섰던 것처럼, 폰 라드는 '역사적인 구원사(救援史)의 문제'와 씨름하면서 그 시대의 중심문제와 맞섰다. 다시 말하면 그는 하나님의 백성을 구원한 역사(구원사)와 신앙고백의 신학을 자신의 신학적 사명으로 삼아 양심적인 신앙고백자로 그 불의의 시대와 맞섰던 것이다. 그러기에 필자는 그의 신학을 철저한 '실존적인 신앙고백과 구원사의 신학'이라 부르고 싶다.

폰 라드에 대한 연구를 진행하면서 필자가 갖게 된 생각은 구약학계 내지는 전 신학계에서 차지한 폰 라드의 위치였다. "폰 라드는 20세기 최고의 구약학자 중의 한 사람이다"라는 식의 막연한 평가가 아니라 그 평가가 정말 맞는 말인지, 그리고 그 평가가 맞다면 그 근거는 어디에 있는지를 분명하게 제시할 필요가 있다는 생각이 들었다. 이 연구를 통해 필자가 내린 결론을 말하자면 폰 라드는 20세기 최고의 구약학자일 뿐만 아니라 훨씬 더 위대한 신학자로 평가받아야 한다는 것이었다.

먼저, 폰 라드는 칸트(Kant), 피히테(Fichte), 쉘링(Schelling), 헤겔(Hegel)로 이어지는 독일 관념론에서 그 완성자인 헤겔에 비유될 수 있다. 폰 라드가 일생에 걸쳐 연구한 결과로 펴낸 두 권의 『구약신학』은 많은 이들이 자료선택의 원리에 따라 성서의 일부를 제한적으로 다루거나 몇몇 주제를 중심으로 다루는 방식이 아닌, 성서 전체를 대상으로 삼았다. 나아가 폰 라드의 『구약신학』을 읽어보면 성서신학의 출발점으로 삼은 가블러 이후 폰 라드 당대에 이르기까지의 모든 신학사상을 섭렵한 뒤에 집필했다는 것을 알 수 있는데, 이 점에서도 그는 독일 관념론을 완성한 헤겔에 비유될 수 있겠다.

다음으로, 더욱 중요한 것은 폰 라드가 패러다임(paradigm)의 전환을 통해 중세를 넘어 근세라는 새 시대를 연 종교개혁자 루터에 비유될 수 있다는 점이다. 앞에서 이미 언급했듯이 구약신학자인 폰 라드의 신학적 기본 뿌리는 철저히 마르틴 루터에 천착되어 있다. 중세 가톨릭의 사상세계는 스콜라 철학이 지배하였다. 스콜라 철학을 한마디로 말한다면 신학과 철학이 결합된 사상체계이다. 다시 말하면 헤브라이즘(성서, 신앙)에 헬레니즘(철학, 이성)을 결합해 놓은 사상체계이다. 이러한 사상체계에 대해 루터와 같은 종교개혁자들은 헬레니즘(철학, 이성)을 끊고 헤브라이즘(성서, 신앙)으로 돌아가자

(ad fontes!)고 외쳤던 것이다. 그리하여 "성서가 성서를 해석한다(sui ipsius interpres)"라든지, "하나님으로 하여금 하나님 되게 하라(Let God be God!)"는 말은 이 같은 패러다임의 전환으로부터 온 시대적 표어였다.

이 같은 패러다임의 전환은 폰 라드에게도 해당된다. 교의학(조직신학)으로부터 새로운 학문 분과인 성서신학을 주창한 가블러 이후 150년이 넘도록 성서신학은 진정한 의미에서 조직신학의 틀을 벗어나지 못했다. 20세기에 들어와 구약신학의 신호탄으로 여겨지는 아이히로트의 『구약신학』마저도 예외가 아니었다.

폰 라드가 그 동안의 성서 외적인 조직신학적 범주에 의한 구약신학연구를 거부하고, 성서 내적인 전승사적이고 신앙고백적인 새로운 방법론으로 『구약신학』을 펴냄으로써, 구약신학의 신기원을 이룩한 데서 그의 진정한 위대함이 있다고 하겠다. 폰 라드가 "구약으로 하여금 그 자체를 말하게 하라"라고 역설한 말이나 '정신세계'니 '사상세계'니, 또는 '히브리 개념'과 같은 조직신학적인 범주를 가지고 구약신학을 조직화하려는 것에 반대한 것도 구약신학이 성서 외적인 틀에서 벗어나고자 한 그의 몸부림의 일환이었음을 주지할 필요가 있다.

제임스 바아는 '구원사'라는 개념을 비평적으로 취급하지 아니하고 모든 문제를 '구원사'에 강제로 꿰어 맞추려는 인상을 주고 있다고 폰 라드를 비판하였다. 하지만 폰 라드가 사용한 '구원사'라는 말이 '구약신학'을 수립하기 위한 주요 개념으로 사용한 것이 아니라, 구체적인 이스라엘의 역사 속에서 이스라엘을 구원한 사건(구약) 혹은 새 이스라엘을 구원한 사건(신약)을 끊임없이 신앙고백으로 재현한 것이 성서라고 할 때, 그 같은 역사를 '구원사'로 보아야 하지 않느냐는 뜻에서 사용한 것으로 보아야 한다는 점이다.

마찬가지로 폰 라드가 사용한 '전승사'라는 개념도 '구약신학'을 수립하기 위한 주요 개념으로 쓰였다기보다는, 성서가 형성된 과정을 추적하다 보니 '전승사'라는 말이 성서연구에 적합한 용어였기에 사용한 것으로 보아야 한다는 점이다.

또한 폰 라드는 「시편」이나 지혜문학을 다룰 때 전승사적인 방법론을 채택하지 않았다거나, '때(Time)'나 '의(義)' 등과 같은 개념을 설명하는 데에 많은 지면을 할애하였다거나, "구약으로 하여금 그 자체를 말하게 하라"라고 말했으면서도 본인은 정작 「신명기」 연구에서 보여준 바대로 '구약 본문이 말하는바'와 비평적으로 연구한 '전통적인 입장'을 관련시킴으로써 스스로 자가당착에 빠지는 오류를 범했다는 지적을 받기도 한다.

그런데 폰 라드의 주장에 의하면 신앙고백에 기초한 전승사적 방법은 육경만이 아니라 역사서, 예언서는 물론 시가서에 이르기까지 조금도 자신의 방법론에 모순이 없다고 주장한다. 왜냐하면 이들 전승들이 모두 정도의 차이가 있기는 하지만 이스라엘의 신앙고백이 확대되어 형성되었다는 점에서는 동일하기 때문이다.

또한 폰 라드를 굳이 두둔한다면 그가 '때'라든가 '의'와 같은 개념을 설명하는 데 많은 지면을 할애한 것은 이러한 개념에 대한 이해를 돕고자 함이지 이를 구약신학의 방법론으로 사용하자는 뜻에서가 아님을 고려할 필요가 있다. 나아가 "구약으로 하여금 그 자체를 말하게 하라"라는 폰 라드의 주장은 비평학적인 연구결과를 무시하면서 축자적 의미에서 본문의 언어 그 자체만을 말하라는 뜻이 아니라, 밖으로부터 온 조직신학적 개념을 가지고 구약신학을 하려는 생각을 배제하고 구약 자체를 연구한 결과로 수립된 언어, 가령 신앙고백적 언어로 말하라는 뜻으로 이해해야 하지 않을까?

폰 라드의 신학에 대해 이런 저런 평가를 할 수 있겠으나, 또한 폰 라드의 『구약신학』 이후 아직까지 그를 넘어선 구약신학에 관한 책이 나오지 않았다는 점에서도 그의 위치를 생각해 볼 필요가 있다.

더욱이 루터가 라틴어로 되어있는 성서를 독일어로 번역함으로써 독일인들에게 성서를 선물했듯이, 나치정권의 반유대주의 아래에서 구약이 외면당하고 있을 때 "구약성서야말로 독일인을 위한 하나님의 말씀이다"라고 선언함으로써 독일인에게 구약성서를 선물했다는 점에서 그의 용기는 높이 평가할 만하다.

또한 정경이 형성되기까지의 구약 전승의 형성 과정을 말하면서, 역사적 현실이 요청하는 시대의 문제 앞에서 신학적 반성(사고)을 통해 끊임없이 전승을 새롭게 재해석함으로써 계속적으로 새로운 전승을 창조해 나갔고, 새로운 전승을 통해 그 시대의 문제를 해결해 나갔다는 그의 주장은 한국교계에 시사하는 바가 적지 않을 것이다.

서구신학은 그동안 기독교 신학의 불모지인 이 땅에서 한국교계에 신앙과 신학적 사고를 신장시키는 데 적지 않은 역할을 한 것은 결코 부정할 수 없다. 그러나 한국 교회는 세계가 주목할 만큼 크게 성장했고, 한국 기독교의 역사도 이제 한 세기를 훌쩍 넘겨버린 지금, 우리의 현실에 맞는 우리의 신학을 해야 한다는 목소리를 거부한 채 아직도 서구신학에 맹종하는 미몽에서 깨어나지 못하고 있는 작금의 현실이 안타깝다.

폰 라드가 오늘 우리에게 주는 메시지의 핵심은 다음과 같다고 생각한다. 폰 라드 자신은 나치 독일이라는 미증유의 비극적인 역사적 상황에서 실존적인 신앙고백과 구원사의 신학을 하였다. 마찬가지로 성서의 백성인 이스라엘은 야웨 하나님이 우리를 구원하셨다는 실존적인 신앙고백과 더불어 끊임없는 신학적 반성을 통해 전해오는 전승을 재해석하고 역사적 현실이 요청하는 문제에 유연하게 대처하면서 그들의 문제를 극복해 나갔다.

그렇다면 오늘 우리도 성서를 우리의 역사적 현실에 맞게 끊임없이 재해석해 냄으로써 우리에게 맞는 신앙고백과 우리가 처해 있는 당면문제를 슬기롭게 극복하는 유연한 자세가 절실히 요청된다 하겠다. 그런데 과연 무엇이 우리의 현실에 맞는 신학이고, 어떻게 하는 것이 우리의 신학을 하는 것인지에 대해서는 저마다 생각이 다르기에 간단히 그리고 쉽게 말하기는 어려울 것이다. 하지만 21세기에 접어든 오늘에 와서 우리는 서구 기독교 신학을 넘어, "이제 우리는 우리의 땅에서 우리의 신학을 해야 한다"는 당위적 요청을 제안하면서 이 글을 마치려 한다.

참고문헌

Achtemeier, E. *Deuteronomy, Jeremiah*(Proclamation Commentaries). Philadelphia: Fortress Press, 1978.

Anderson, B. W. "The Pentateuch". *The New Oxford Annotated Bible*(NRSV). New York: Oxford University Press, 1991.

_____. "Tradition and Scripture in the Community of Faith". *JBL*, 100 (1981).

_____. 강성열·노항규 옮김.『구약성서 이해 *Understanding the Old Testament*』(4th). 서울: 크리스챤 다이제스트, 1994.

Barr, J. "Recent Biblical Theologies VI. Gerhard von Rad's Theologie des Alten Testaments". *Expository Times*, 73 (1961~62).

_____. "Revelation through in the OT". *Interpretation* (April 1963).

Bright, J. *A History of Israel*(3rd). London: SCM Press Ltd, 1981.

Brueggemann, W. *The Land: Place as Gift, Promised and Challenge in Biblical Faith*. Philadelphia: Fortress Press, 1982 : 강성열 옮김.『성서로 본 땅』. 나눔사, 1992.

Cazelles, H. 서인석 옮김.『모세의 비판적 율법: 오경의 비판적 입문 *La Torah ou Pentateuque*』. 서울: 성바오로출판사, 1980.

Childs, B. S. *Introduction to the Old Testament as Scripture*. Philadelphia: Fortress Press, 1979.

_____. *Old Testament Book for Paster & Teacher*. Philadelphia: Westminster Press, 1977.

Christensen, D. L. *Word Biblical Commentary: Deuteronomy 1-11*(WBC). Texas: Words Books, 1991.

Clements, R. E. *Deuteronomy*(Old Testament Guides). Sheffield: Sheffield Acamemic Press, 1989(reprinted 1997).

Dentan, R. C. *Preface to OT Theology*(2nd). New York, 1963.

Durham, J. I. "Ancient Israelite Credo". *IDBS*. Nashville: Abindon Press, 1976.

Eichrodt, W. *Theologie des Alten Testaments*, 3 vols. 1933~1939; *Theology of the Old Testament*, 2 vols. London: SCM Press, 1961, 1967; 박문재 옮김, 『구약성서신학』, 서울: 크리스챤 다이제스트, 1994.

Harrison, R. K. 류호준·박철현 옮김, 『구약서론 상 Introduction to the Old Testament』. 서울: 크리스챤 다이제스트, 1993.

Hasel, G. F. "A Decade of Old Testament Theology: Retrospect and Prospect". *ZAW*, 93 (1981).

_____. "Major Recent Issues in OT Theology". *JSOT*, 31 (1985).

_____. 김정우 옮김. 『구약신학: 현대 논쟁의 기본 이슈들 Old Testament Theology: Basic Issues in the Current Debate』(4th, 1991). 서울: 엠마오, 1993.

Hayes, J. H. & Prussner, F. C. 장일선 옮김. 『구약성서 신학사 Old Testament Theology: Its History and Development』. 서울: 나눔사, 1991.

Haynes, S. R. & Mckenzie, S. L. (ed.). 김은규·김수남 옮김, 『성서비평 방법론과 그 적용 To Each Its Own Meaning an Introduction to Biblical Criticisms and Their Application』. 서울: 대한기독교서회, 1997.

Hyatt, J. P. "Were There an Ancient Historical Credo in Israel and an Independent Sinai Tradition?". *Translation & Understanding the Old Testament*. ed. by H. T. Frank and W. L. Reed. Nashville: Abingdon Press, 1970.

Jacob, E. 박문재 옮김. 『구약신학 Theology of the Old Testament』. 서울: 크리스챤 다이제스트, 1999.

Lind, M. C. *Yahweh Is a Warrior: The Theology of Warfare in Ancient Israel*. Scottdale, Pa.: Herald, 1980.

Loewenich, W. von. 박호용 옮김. 『마르틴 루터 *Martin Luther*』. 서울: 성지출판사, 2002.

Mayes, A. D. H. *The Story of Israel Between Settlement and Exile*. London: SCM Press, 1983.

McCarthy, D. J. "What was Israel's Creed?". *Lexington Theological Quarterly*, Ⅳ (1969).

Mendenhall, G. E. "'Ancient Oriental and Biblical Law' and 'Covenant Forms in Israelite Tradition'". *BA*, 17 (1954). = *Law and Covenant in Israel and the Ancient Near East*. Pittsburgh, 1955.

_____. "Covenant Forms in Israelite Tradition". *Law and Covenant in Israel and the Ancient Near East*. The Presbyterian Board of Colportage, 1955.

Miller, P. D. 김회권 옮김. 『신명기 *Deuteronomy*』, Interpretation. 서울: 한국장로교출판사, 2000.

Miller Jr. P. D. *The Divine Warrior in Early Israel*, HSM 5. Cambridge, Mass.: Harvard University Press, 1973.

Nicholson, E. W. *Deuteronomy and Tradition: Literary and Historical Problems in the Book of Deuteronomy*. Philadelphia: Fortress Press, 1967.

_____. *Exodus and Sinai in History and Tradition*. Atlanta: John Knox Press, 1973.

Noth, M. *A History of Pentateuchal Traditions,* tr. by B. W. Anderson. New Jersey: Prentice-Hall, 1972.

_____. *The Deuteronomistic History,* JSOTS 15. Sheffield Press, 1981.

Ollenburger, B. C. Martens, E. A. & Hasel, G. F. 강성열 옮김. 『20세기 구약신학의 주요 인물들 *The Flowering of Old Testament Theology*』. 서울: 크리스챤 다이제스트, 2000.

Rad, G. von. *Das Formgeschichtliche Problem des Hexateuch,* BWANT 78.

Stuttgart: Kohlhammer, W. 1938; *Gesammelte Studien zum Alten Testament*. Munchen: Chr. Kaiset, 1965; "The Form-Critical Problem of the Haxateuch". *The Problem of the Hexateuch and Other Essays,* tr. by E. W. Truemann dicken. New York: McGraw-Hillbook Company, 1966.

_____. 한국신학연구소 번역실 옮김. 『신명기 *Deuteronomy*』 (1966). 서울: 한국신학연구소, 1986.

_____. *Genesis,* tr. by John H. Marks. London: SCM Press, 1961.

_____. *Holy War in Ancient Israel*. Grand Rapids: William. B. Eerdmans Publishing, 1991.

_____. *Old Testament Theology*. vol. 1. Edinburgh and London: Oliver and Boyd, 1962.

_____. *Old Testament Theology*. vol. 2. Edinburgh and London: Oliver and Boyd, 1965.

_____. *Studies in Deuteronomy*. London: SCM Press, 1953.

_____. *The Messages of the Prophets*. New York, 1967.

_____. "Typological Interpretation of the OT". *Essays on Old Testament Hermeneutics*, 17-39; ed. by C. Westermann. 박문재 옮김. 『구약해석학』. 서울: 크리스챤 다이제스트, 1995.

_____. 허 혁 옮김. 『구약성서신학-이스라엘 지혜의 신학 *Weisheit in Israel.*』(Neukirchen-Vluyn 1970, 제3권). 분도출판사, 1980.

SKA, Jean-Louis. 박요한 영식 옮김. 『모세오경 입문: 오경해석을 위한 가르침 *Introduction à la lecture du Pentateuque*』(2000). 서울: 성바오로출판사, 2001.

Vriezen, Th. C. 노항규 옮김. 『구약신학 개요 *An Outline of Old Testament Theology*』. 서울: 크리스챤 다이제스트, 1995.

Weinfeld, M. *Deuteronomy and The Deuteronomic School*. Oxford: At The Clarendon Press, 1972.

_____. "Deuteronomy". *ABD*. vol. 2: 173-174.

Wellhausen, J. *Prolegomena to the History of Ancient Israel*. 1878, ET

Cleveland: Meridien, 1961.

Zimmerli, W. "'Israel' in the Book of Ezekiel". *Ezekiel* 2. Hermeneia, tr. by J. D. Martin. Philadelphia: Fortress Press, 1983: 563-565.

_____. 문희석 편. 『사회학적 구약이해와 구약 중심점 문제』 신학총서 구약편, no.1. 서울: 장로회신학대학 출판부, 1981.

기독교대백과사전 편찬위원회. 「라트 Rad, G. von」. 『기독교대백과사전』(제4권), 서울: 기독교문사, 1981.

김영진. 「Gerhard von Rad의 육경전승 연구에 관한 비판적 고찰」. 서울: 연세대학교 대학원 석사학위논문, 1985.

김정수. 「폰 라드의 신명기 해석에 대한 비판적 연구」. 경기: 아세아연합신학대학원 석사학위논문, 1994.

김정준. 『구약신학의 주제와 방법』. 서울: 한국신학연구소, 1989.

_____. 『율법서·예언서 연구』. 서울: 한국신학연구소, 1988.

_____. 『폰 라드 논문집』. 서울: 대한기독교출판사, 1978.

_____. 『폰 라드의 구약신학』. 서울: 대한기독교서회, 1973.

김지찬. 『요단강에서 바벨론 물가까지: 구약 역사서의 문예적-신학적 서론』. 서울: 생명의 말씀사, 1999.

_____. 「폰 라드의 구약신학 비평」. 『신학지남』, 1994 가을·겨울호.

박동현. 『구약학개관』. 서울: 장로회신학대학 출판부, 2003.

박준서. 「구약성서」. 『성서와 기독교』. 서울: 연세대학교 출판부, 1985.

_____. 「구약에 나타난 하나님 이해 - 히브리의 하나님」. 『구약세계의 이해』. 서울: 한들출판사, 2001.

서광선. 「한국 그리스도교인의 의식구조」. 『신학사상』(제41집), 1983, 여름호.

신경림. 『신경림의 시인을 찾아서』(2). 서울: 우리교육, 2002.

왕대일. 『다시 듣는 토라: 설교를 위한 신명기 연구』. 서울: 한국신학연구소, 1998.

_____. 「땅에 대한 구약성서적 이해」. 『기독교 사상』(제312호). 1984. 6.

____. 『신앙공동체를 위한 구약성서이해』. 서울: 성서연구사, 1993.
____. 「정경과 토라: 오경에 대한 정경비평적 고찰」. 『신학과 세계』 (제23호). 1991. 가을호.
이형원. 『구약성서 비평학입문』. 대전: 침례신학대학출판부, 1991.
장일선. 『구약신학의 주제』. 서울: 대한기독교서회, 1996.
____. 「구약학계의 세대교체와 폰 라드 이후의 구약신학의 위상」. 『한신 논문집』(제6집). 1989.
정수일. 『이슬람 문명』. 서울: 창작과 비평사, 2002.
조성호. 「폰 라드의 구약성서 해석방법에 관한 연구」. 경기: 서울신학대학원 석사학위논문, 1991.
최동환. 「생존(生存)의 수사학(修辭學)을 통해서 본 마가복음서의 성전(聖殿) 모티프 연구」. 천안: 호서대학교, 박사학위논문, 2003. 12.
학원 세계대백과사전 편찬위원회, 「지하드」. 『학원 세계대백과사전』(제27권). 서울: 학원출판공사, 1994: 247.

현대 신학자 평전 6
폰 라드
-실존적 신앙고백과 구원사의 신학

초판인쇄_2004년 9월 2일
초판발행_2004년 9월 10일
지은이_박호용
펴낸이_심만수
펴낸곳_(주)살림출판사
주소_110-847 서울시 종로구 평창동 358-1
출판등록_1989년 11월 1일 제9-210호
대표전화_ (02)379-4925~6
팩스_(02)379-4724
e-mail_salleem@chollian.net
홈페이지_http://www.sallimbooks.com

ⓒ (주)살림출판사, 2004   ISBN 89-522-0167-1 04230 (세트)
　　　　　　　　　　　　ISBN 89-522-0284-8 04230
* 잘못된 책은 구입하신 서점에서 바꾸어 드립니다.
* 저자와의 협의에 의해 인지를 생략합니다.

값 10,000원